하고 싶은 걸
하면서
행복하게 살고 싶어

하고 싶은 걸
하면서
행복하게 살고 싶어

김태연 글 ― 주유소 그림

꿈과 진로 고민을
한 번에 해결하는
'드림컴트루 실천북'

체인지업
CHANGEUP

나답게, 더 크게, 더 멀리

코이 물고기 이야기를 들어본 적 있나요? 작은 어항에서는 5cm 밖에 자라지 않지만, 큰 연못에서는 25cm까지, 넓은 강에 방류하면 무려 1m나 자라는 신기한 물고기예요. 같은 물고기인데 환경에 따라 이렇게 다를 수 있다니, 처음 이 이야기를 들었을 때 정말 놀랐어요. 그런데 더 놀라운 건 여러분도 코이 물고기와 같다는 사실이에요. 한계 없이 성장할 수 있는 무궁무진한 가능성을 가지고 있지요.

하지만 다른 점도 있어요. 코이 물고기와 달리 여러분은 자신이 어떤 환경에서 살지 스스로 선택할 수 있다는 거예요. 때로는 연못에서 작은 성장을 준비할 수도 있고, 준비를 마친 뒤에는 넓은 바다로 과감하게 나아갈 수도 있지요.

우리는 모두 마음 깊은 곳에 저마다의 고민을 품고 있어요. 상담실을 찾는 친구들도 마찬가지예요. "성적은 좋지만 뭘 하고 싶은지 모르겠어요", "한 번 실패한 후로 도전이 두려워요", "집안 형편 때문에 꿈을 포기해야 할 것 같아요", "주변 사람들의 시선과 부모님의 반대 때문에 솔직한 제 마음을 밝히기 어려워요"처럼 다양한 고민거리가 있어요.

이런 고민은 모두 하나의 뿌리에서 시작돼요. 하고 싶은 일을 하면서 행복하게 살아가고 싶은 마음 말이에요. 그러니 고민하는 것은 결코 부끄럽거나 잘못된 일이 아니에요. 다른 사람들보다 뒤처지고 있다는 뜻은 더욱 아니지요. 고민은 자신이 진정으로 중요하게 생각하는 가치와 '나다움'을 지키며 살아가려는 노력이자, 성장의 증거예요.

이 책에는 여러분과 비슷한 고민을 가진 친구들의 이야기가 담겨 있어요. 친구들의 생생한 상담 기록을 읽으면 '나만 그런 고민을 하는 것은 아니구나!'를 깨닫게 될 거예요. 또한, 상담을 통해 고민을 마주하고, 스스로 해결 방법을 찾아 나서는 친구들의 모습을 보고 어려움을 헤쳐 나갈 용기를 얻을 수 있어요. 생각지 못한 해결의 열쇠를 갖게 될지도 모르지요. 마지막으로 각각의 고민 뒤에 이어지는 '태연쌤의 진로 코멘트'와 '내 마음 쓰기'는 앞으로 나아갈 방향을 찾는 데 큰 도움이 될 거예요.

만약 이 책을 다 읽고 나서도 '아직 확실하지 않아'라고 생각하는 친구가 있다면, 그것도 괜찮아요. 진로는 평생에 걸쳐 그리는 그림이거든요. 지금 당장 완벽한 답을 찾지 못했다고 해서 실패한 게 아니에요. 몇 번이고 덧그리고 수정하면 된답니다. 그러니 틀림없는 완성형 답을 찾아야 한다는 생각에 조급해하지 말고, 지금의 나를 이해하고 사랑하는 데 집중해보세요.

코미디언 박명수는 "중요한 건 꺾여도 그냥 하는 마음"이라고 말했어요. 이 말처럼 여러분 앞에 수많은 고난과 역경이 닥쳐와도 훌훌 털고 일어나 여러분의 바다를 향해 헤엄쳐 가기를 바랍니다. 그리고 그 바다를 여러분의 고유한 색깔로 물들이기를 바랍니다.

진로교육전문가 **김태연**

차례

1장 하고 싶은 게 많아도, 없어도 고민!

하고 싶은 걸 진짜 할 수 있을까?

내 꿈인데, 왜 다른 사람이 신경 쓰일까?

혼란스러운 내 마음이 너무 힘들어!

꿈만 꾸기에는 현실의 벽이 너무 높아!

AI와 함께하는 미래에 내가 할 일은 뭘까?

1장
하고 싶은 게 많아도, 없어도 고민!

'케데헌'의 가수, 이재

국내 대형 기획사에서 음악을 배운 이재는 미국으로 건너가 송라이터와 프로듀서로 활동하며 실력을 쌓았다. 2020년 말 《케이팝 데몬 헌터스》의 OST에 참여하며 주인공 루미의 보컬로 발탁되었다. 그녀가 부른 곡 〈Golden〉은 전 세계 차트를 휩쓸며 큰 인기를 끌고 있다.

내 노래를, 내 목소리를
온 세상에 들려줄 거야!

은재야, 잠시만 −

하지만 꿈은 자꾸만 내게서 달아났다.

...

안타깝지만
이번에도 데뷔는....

25세, 아이돌이 되기에는 너무 늦어버렸다.

그래서 나는 데뷔 준비를 그만두고 미국으로 돌아왔다.

노래 대신 작곡과 음악 치료를 공부하던 어느날….

이번에 케이팝 아이돌을 소재로 애니메이션을 제작할 생각인데

네가 주제곡을 만들어보는 건 어때? 노래도 한번 해볼래?

내가 노래를 한다고…?

〈Golden〉, 녹음 시작합니다.

우린 반드시 황금처럼 빛나게 될거야 ...리 목소리로 하늘 높이 올라가 영원히 깨질 수 없는 Goona be Goona be

전 세계가 내 노래를 듣고 따라 부르기 시작했다!

하고 싶은 게 너무 많아요

저는 중학교 2학년 찬혁이에요. 요즘 제 자신이 답답해요. 친구들은 모두 자신이 좋아하거나 잘하는 것 한 가지를 꾸준히 하는데, 저는 매일 다른 걸 하고 싶어 해요. 지난달에 민준이가 춤 연습 동영상을 보여줬을 때, 온몸에 전기가 흐르는 것 같았어요. '나도 저렇게 춤출 수 있을까?' 하는 생각이 들었고, 그날 밤부터 유튜브로 댄스 영상을 찾아보기 시작했죠.

처음 며칠은 정말 신났어요. 거울 앞에서 동작을 따라 하고, 새로운 안무를 외우는 게 재밌었거든요. 그런데 일주일 뒤, 다른 친구의 어머니께서 직접 만든 케이크 사진을 보니 갑자기 요리가 하고 싶어졌어요. '나도 가족들을 위해 맛있는 음식을 만들고 싶다'는 생각이 피어났어요. 저는 곧장 케이크 만드는 방법을 찾아보고, 부모님께 재료를 사달라고 부탁했어요. 그렇게 요리를 하다 보니 자연스럽게 춤 연습은 뒷전이 되었죠. 이런 식으로 사진, 그림,

기타까지 배웠어요.

저는 이렇게 새로운 것을 보면 금세 마음을 사로잡혀요. '나도 해보고 싶다'는 마음에 가슴이 두근거리기도 해요. 문제는 그때마다 전에 하던 것은 재미없어진다는 거예요. 그러면 얼마 못 가 그만뒀다는 생각에 기분이 안 좋아져요. 엄마는 이런 제가 끈기가 없다고 하시고, 아빠는 하나를 제대로 하는 게 좋겠다고 말씀하세요.

친구들을 보면, 민준이는 3년째 축구를 열심히 하고, 지우는 매일같이 피아노를 쳐요. 한 가지를 진득하게 할 줄 알지요. 저는 그런 모습이 부러우면서도 한편으로는 답답해 보여요. 세상에 재미있는 일이 얼마나 많은데 한 가지만 하다니요! 하지만 엄마 말씀처럼 제가 정말 끈기 없는 아이일까 봐 걱정되기도 해요.

저는 정말 끈기 없는 사람인 걸까요? 아니면 단지 호기심이 많은 걸까요? 다른 친구들처럼 하나를 열심히 하는 게 좋을까요, 여러 가지를 조금씩 경험해보는 게 좋을까요? 대체 나는 어떤 사람일까요?

찬혁이가 상담실에 들어올 때 가방에서 댄스 영상이 재생되는 휴대폰 소리가 새어 나왔다. 찬혁이는 급하게 소리를 끄면서 미안한 듯 웃었다. 며칠 전 찬혁이 어머니가 걱정스러운 목소리로 전화를 했었다. 찬혁이는 요즘 매일 다른 걸 하고 싶어 한다는 것이었다. 어제는 춤, 오늘은 요리. 내일은 또 무엇을 하고 싶어 할지 알 수 없었다. 어머니는 한 가지를 꾸준히 하는 또래 아이들에 비해 산만한 건 아닌지 걱정된다고 했다.

상담이 시작되자 찬혁이는 휴대폰 사진첩을 보여주었다. 춤 연습 영상, 케이크를 만드는 사진, 기타를 치는 모습이 뒤섞여 있었다. 새로운 것을 시작할 때의 기분을 묻자, 찬혁이는 새로운 것을 보면 가슴이 두근거리고 자기도 따라 하고 싶어진다고 했다. '와, 이것도 할 수 있을까?' 하는 기대가 피어나는 것이다. 하지만 막상 시작하면 얼마 지나지 않아 또 다른 것에 관심이 가고, 결국에는 또 제대로 해내지 못했다는 생각에 스스로에게 실망한다고 말했다. 어머니뿐만 아니라 찬혁이도 자신이 다른 친구들보다 끈기가 부족해 한 가지를 진득하게 하지 못하는 것이 아닐지 걱정하고 있었다. 그럴 때마다 깊이 있게 파고들지 못해 아쉽고, 무엇보다도 사람들에게 자신 있게 보여줄 만큼 실력을 쌓지 못해 속상하다고 덧붙였다.

'사람들에게 자신 있게 보여줄 만큼 실력을 쌓는 것'이 어떤 의미인지 묻자, 찬혁이는 자신이 어떤 일을 열심히 하거나 잘하는 모습을 보고 가족들과 친구들이 기뻐하는 모습을 떠올렸다. 그러다 이내 무언가 깨달은 듯한 얼굴로 말했다.

"생각해 보니 춤을 출 때도 요리를 할 때도, 기타를 칠 때도 늘 사람들이 좋아해주기를 바랐던 것 같아요."

그때부터 찬혁이는 그동안 자신이 해 온 일들 사이의 공통점을 발견하고 스스로 답을 찾아가기 시작했다. 자신은 끈기가 없는 게 아니라, 다른 사람을 기쁘게 만드는 것을 중요한 가치로 여기는 것일지도 모른다고 말이다.

숨겨진 나의 진심을 발견하자!

겉으로 보기에는 춤, 요리, 사진이 전혀 관련 없는 것 같지만, 사실은 하나의 큰 이유에서 출발한 것일 수 있다. 찬혁이는 그동안 자신이 흥미를 가졌던 것들을 하나씩 생각해보며 공통점을 찾기 시작했다. 춤을 배우고 싶었던 이유는 학교 축제나 수학여행 장기자랑 시간에 친구들 앞에서 멋있게 춤추는 모습을 보여주고 싶어서였다. 요리를 하고 싶었던 것은 가족들이 자신이 만든 음식을 맛있게 먹으며 웃는 모습을 보고 싶어서였다. 사진을 찍기 시작한 것도 자신이 찍어준 사진을 보며 친구들이 좋아하는 모습을 상상하자 기분이 좋아지고 웃음이 났기 때문이었다.

찬혁이는 자신이 진짜 원하는 것은 사람들을 기쁘게 만드는 일이라는 걸 깨달았다. 그러자 찬혁이에게 큰 변화가 생겼다. 자신이 '끈기 없이 이것저것 하는 아이'가 아니라 '여러 가지 방법으로 사람들을 행복하게 만들고 싶은 아이'라는 것을 알게 된 것이다.

> **태연쌤의 진로 코멘트** 내가 좋아하는 것을 종이에 적고, 그것을 할 때 가장 신나거나 보람됐던 순간을 떠올려봐. '그 일을 할 때 내가 진짜 원한 것은 무엇일까?' 하고 스스로 질문하고 답하며, 내가 좋아하는 것과 하고 싶은 것 사이의 숨겨진 공통점을 찾는 것이 진로 탐색의 시작이야.

완벽주의에서 벗어나 나만의 리듬을 만들자!

모든 걸 완벽하게 해야 한다고 생각하면 오히려 스트레스를 받기 마련이다. 그래서 찬혁이는 '선택과 집중'을 하기로 했다. 일정한 기간을 정해 그 기간에는 한 가지에 집중하는 것이다. 예를 들어, 이번 달에는 일주일에 두 번씩 춤 연습을 하고, 요리는 주말에 한 번만 한다. 사진 찍기는 따로 시간을 내지 않고 일상에서 재미있는 순간을 카메라에 담는다. 이때 중요한 것은 계획한 일 이외의 다른 것을 못했다고 실망하거나 좌절하지 않는 것이다.

선택과 집중을 시작하자 신기한 일이 생겼다. 춤을 추거나 기타를 연주하는 모습을 영상으로 찍고, 사진을 찍을 때 춤추는 것 같은 포즈를 취하게 됐다. 직접 그린 그림을 바탕으로 케이크를 만들면 좋겠다는 생각도 들었다. 찬혁이의 관심사가 자연스럽게 섞이기 시작한 것이다.

태연쌤의 진로 코멘트 매달 한 가지씩 집중해서 할 일을 정하고, 나머지는 남는 시간을 활용해 부담 없이 해보자. 무엇이든 처음부터 완벽하게 하려고 하기보다는 포기하지 않고 꾸준히 하는 게 더 중요하다는 것을 잊지 말아야 해!

다양함을 특별함으로 받아들이자!

세상에는 한 가지를 잘하는 사람도 필요하고, 여러 가지를 연결 지을 줄 아는 사람도 필요하다. 찬혁이는 후자였고, 그것도 충분히 멋진 일이다.

어느 날 찬혁이는 학급 축제 준비를 맡게 되었다. 그때 이제까지 차곡차곡 쌓아 온 여러 가지 경험이 빛을 발했다. 춤 영상을 찍는 방법으로 홍보 영상을 만들고, 요리 경험을 살려 간식을 준비했다. 사진을 찍으며 갈고닦은 촬영과 보정 실력으로 포스터를 예쁘게 꾸미기도 했다. 여러 가지를 척척 해내는 찬혁이의 모습에 친구들은 감탄했다. 여러 분야에서 활약하는 찬혁이를 본 담임 선생님은 "찬혁이는 못 하는 게 없구나!"라며 칭찬하기도 했다.

그 순간 찬혁이는 깨달았다. 한 가지를 특별히 잘하는 사람도 멋있지만, 여러 가지를 조금씩 할 줄 아는 자신도 특별한 재능을 가진 멋진 사람이라는 것을 말이다.

태연쌤의 진로 코멘트 자기 자신을 '끈기 없는 사람'이라고 단정 짓기보다는 '호기심이 많은 사람'이라고 생각해봐. 그리고 호기심을 따르는 것을 주저하지 마. 호기심은 배움의 시작이자 새로운 미래를 여는 열쇠야. 내가 가진 특별한 재능을 믿고 꾸준히 노력하면 좋은 결과를 얻을 수 있어.

찬혁이는 여전히 새로운 것에 관심을 갖는다. 하지만 이제는 그때마다 자책하지 않는다. 춤, 요리, 사진 등이 서로 관련 없는 동떨어진 일 같지만, 모두 '사람들을 기쁘게 해주고 싶다'는 마음에서 뻗어나간 것이라는 걸 알았기 때문이다.

찬혁이는 학교 축제 때 자신의 다양한 재능이 하나로 어우러져 친구들을 웃게 만들었던 순간을 잊을 수 없었다. 친구들이 음식을 먹고 감탄하는 모습, 홍보 영상과 포스터를 보고 활짝 웃는 모습이 오랫동안 머릿속에 맴돌았다. 찬혁이는 이제 '끈기 없다'라는 말이 '창의적이다'라는 칭찬으로 들린다고 한다.

"나는 끈기가 없는 게 아니라,
여러 가지 방법으로 사람들을
기쁘게 해주고 싶어 하는 거였구나!"

내 마음 쓰기

1. 여러 가지를 동시에 하고 싶을 때 내 마음은 어떤 색깔일까?

2. '끈기 없다'라는 말을 들으면 어떤 마음이 들까?

3. 나의 다양한 관심사가 모이면 어떤 특별한 것을 만들어 낼까?

4. 친구들에게 '너는 참 다재다능하다'라는 말을 들으면 어떤 기분일까?

하고 싶은 게 하나도 없어요

저는 중학교 2학년 철웅이에요. 요즘 저는 모든 게 시시해요. 작년까지만 해도 축구가 재밌었어요. 골을 넣었을 때 친구들이 환호하고 "철웅이 잘한다!"라며 어깨를 두드려주는 기분이 아직도 생생하게 기억나요. 그런데 언제부터인가 축구장에 나가는 것도 귀찮아졌어요. 공을 차도 전처럼 즐겁지 않고, 그냥 '해야 하니까 하는' 느낌이에요.

게임도 마찬가지예요. 예전에는 새로운 게임이 나오면 밤새워서 하곤 했는데, 요즘은 휴대폰을 켜두고 멍하니 화면만 바라볼 때가 많아요. 유튜브 영상을 보는 것도 재미없고, 뭘 해도 마음이 움직이지 않아요. 마치 마음이 얼어붙은 것 같아요. 친구들이 재미있는 게 있다며 새로운 것을 보여줘도 '뭐가 재미있다는 거지?' 하는 생각밖에 들지 않아요.

그래서인지 최근에는 진로 상담 시간이 제일 힘들어요. 선생님께서 요즘은 어떤 것에 관심이 있는지 물어보시면 머릿속이 하얘져요. 다른 친구들은 게임, 운동, 아이돌 등 이것저것 말하는데 저는 아무것도 생각나지 않거든요. 그럴 때마다 '이런 내가 이상한 걸까?' 하는 생각에 더 위축돼요. 엄마가 "요즘 왜 이렇게 멍해?"라고 물으시면 저는 대답할 말이 없어서 입을 다물어요. 그러면 아빠가 "철웅이 나이에 아무것도 안 하면 어떡하냐?" 하며 걱정 어린 핀잔을 주세요.

하지만 이런 제가 누구보다 걱정되는 사람은 바로 저예요. 앞으로도 이런 상태가 계속될지도 모른다는 생각에 덜컥 겁이 나요. 다른 친구들은 하고 싶은 것도 많고 즐기는 일도 많은데 저는 하루하루를 그저 견디고 있는 느낌이에요. 제가 다시 예전처럼 무엇인가 재미있다고 느낄 수 있을까요?

상담을 요청하는 철웅이 어머니의 목소리에는 걱정이 가득했다. 요즘 철웅이가 어떤 일에도 반응을 보이지 않는다는 것이다. 예전에는 좋아하는 축구나 게임을 열심히 했는데, 최근에는 무기력한 모습으로 '몰라', '시시해'라는 말을 반복한다며, 철웅이가 모든 일에 점점 무감각해지는 것은 아닌지 걱정된다고 했다.

상담실을 찾은 철웅이는 몇 가지 질문에 소극적인 태도로 대답하다가 조심스럽게 자신의 고민을 털어놓았다. 친구들은 좋아하는 것을 하나씩은 가지고 있는데 자신은 모든 게 시시하기만 하다는 것이다. 철웅이는 그런 자신을 '이상하다'고 표현했다. 그러면서 흥미를 잃기 전의 모습을 떠올렸다. 축구를 하다가 골을 넣으면 벅찬 기분이 들고 가슴이 뛰었다고 말하는 철웅이의 얼굴에 잠깐이었지만 환한 빛이 스쳤다. 그런 기분이 사라지는 게 아쉬운지 묻자 철웅이는 고개를 끄덕였다. 철웅이의 얼굴이 다시 근심으로 물들었다.

"철웅아, 마음이 느껴지지 않는다고 해서 사라진 것은 아니야. 겨울에 꽁꽁 언 강 아래서도 강물이 흐르는 것처럼, 네 감정도 마음 깊은 곳에 아직 살아 있을 거야."

그렇게 말하자 잃어버렸다고 생각한 감정을 다시 찾을 수 있을지도 모른다는 기대로 철웅이의 눈이 반짝였다.

철웅이는 모든 게 시시하고 재미없게 느껴지는 자신이 이상한 것 같다며 크게 걱정했지만, 사실 이런 마음은 성장하는 과정에서 누구나 겪을 수 있는 자연스러운 일이다. **무엇인가를 좋아하고 즐기는 마음은 완전히 사라진 게 아니라 잠시 잠들어 있을 뿐이다.** 조급함을 내려놓고 생각하면, 얼어붙은 마음도 서서히 녹일 수 있음을 알게 될 것이다.

감정의 온도를 올려보자!

감정이 마비된 것 같다고 생각하지만, 그 순간에도 우리의 안에서는 작은 변화가 계속해서 일어나고 있다. 이 변화는 마치 겨울 끝자락에 움트는 새싹처럼 아주 작아서 눈에 띄지 않는다. 우리는 이와 같은 미세한 움직임을 알아차리려 노력해야 한다.

철웅이는 아무 감정도 느껴지지 않는다고 말하지만, 상담을 이어가며 며칠 동안 자세히 살펴보니 미묘한 차이를 찾을 수 있었다. 하루는 철웅이가 평소보다 침대에서 일어나기 수월했다고 말했다. 어떤 음식이 특별히 맛있게 느껴졌다고 한 적도 있고, 강아지 영상을 볼 때 입꼬리가 살짝 올라가는 자신의 모습을 발견했다고도 했다.

평소 자각하지 못했던 모습을 알게 되자 철웅이는 자신의 마음속에 감정이 아직 살아있다는 것을 깨달았다. 작은 발견이 켜켜이 쌓이는 것을 보며, 철웅이는 겨울잠을 자는 동물처럼 자신을 구성하는 여러 감각과 감정이 잠시 쉬고 있다는 걸 알게 되었다.

태연쌤의 진로 코멘트 하루에 세 번 나의 상태를 살펴보고 기록해봐. '평소와 비슷해', '날씨가 좋아서 기분이 좋아', '어제 이 시간에는 많이 피곤했는데, 오늘은 괜찮아'처럼 간단하게 표현하는 것으로 충분해.

작은 즐거움을 되찾아봐!

예전에 좋아했던 것을 하나씩 다시 시도해보자. 작은 것에서부터 시작하는 게 좋다. 꽁꽁 언 얼음에 갑자기 뜨거운 물을 부으면 안 되는 것처럼 얼어붙은 마음도 천천히 녹여야 한다.

철웅이는 예전에 좋아했던 것을 해보기 시작했다. 그중 하나가 축구다. 친구들과 함께 경기하는 것은 부담스러웠지만 혼자 공을 차는 것은 괜찮다고 했다. 처음에는 여전히 아무런 감흥이 없었지만 꾸준히 하다 보니 공이 발에 맞는 감촉이 조금씩 좋아졌다. 게임도 마찬가지였다. 새로운 게임을 시도하는 대신 평소에 재미있게 하던 것을 다시 해봤는데, 처음에는 도통 집중하기 어려웠지만 점차 몰입하는 시간이 길어졌다. 가장 큰 변화는 애견 카페에 방문했을 때 일어났다. 어머니를 따라간 애견 카페에서 강아지들이 꼬리를 흔들며 다가오는 모습을 보자, 철웅이는 오랜만에 마음이 따뜻해지는 것을 느꼈다.

태연쌤의 진로 코멘트 네가 좋아했던 것을 종이에 자유롭게 적어봐. 그리고 가장 쉽고 부담 없는 것부터 하나씩 해봐. 처음처럼 즐겁지 않아도 괜찮아. 조금씩 시도하며 예전에 느꼈던 감각을 되찾는 것이 중요해.

마음 충전을 위한 시간을 갖자!

감정이 마비되었다는 것은 마음의 에너지가 모두 소진되었다는 뜻이다. 그럴 때는 새로운 것을 시작하기 전에 마음을 충전해야 한다. 이때 가장 좋은 방법은 유의미한 일을 하지 않아도 괜찮은 '마음 충전 시간'을 매일 갖는 것이다.

철웅이는 자신만의 마음 충전 시간을 만들었다. 따뜻한 물로 샤워한 후 좋아하는 음료 마시기, 햇볕이 드는 곳에 잠시 앉아 있기, 가만히 앉아 좋아하는 음악 듣기처럼 자신에게 휴식을 주는 아주 간단한 일을 하는 시간이다. 이 시간에는 '무엇인가 해야 한다'라는 부담을 완전히 내려놓으려고 노력한다. 철웅이는 매일 10분씩 마음 충전 시간을 갖는다. 아무것도 하지 않고 그저 가만히 있기만 하는 날도 있다. 그러자 조금씩 마음의 여유가 생기기 시작했고, 어떤 날에는 무엇인가 해보고 싶은 마음이 들기도 했다. 충분한 휴식을 취한 뒤 자연스럽게 몸이 움직이고 싶어지는 것처럼 말이다.

태연쌤의 진로 코멘트 하루 10분, 마음 충전 시간을 가져봐. 마음을 편안하게 만드는 일을 해도 좋지만, 아무것도 하지 않아도 괜찮아. 휴대폰을 내려놓고 오롯이 나 자신과 함께 있는 것도 좋아.

얼어붙었던 철웅이의 마음이 조금씩 녹고 있다. 아직 모든 게 예전만큼 재밌지는 않지만, 강아지 영상을 보며 미소 지었던 순간, 샤워 후 마음이 차분해졌을 때의 기분을 가슴에 새겼다. 감정이 완전히 사라진 게 아니라 잠시 잠들어 있었을 뿐이라는 걸 이제는 확실히 알게 됐다. 아무것도 하지 않아도 되는 시간을 갖기 위해 시작한 마음 충전 시간이 어느새 가장 소중한 시간이 되었고, 여백 속에서 하고 싶은 일들이 조금씩 생겨나기 시작했다. 철웅이는 마음에도 계절이 있고, 겨울이 지나면 봄이 온다는 것을 배웠다.

"아무것도 하고 싶지 않은 게 아니라,
마음이 잠시 쉬고 있는 거구나."

 내 마음 쓰기

1. 오늘의 기분은 어제와 어떻게 다를까?

2. 예전에 좋아했던 것 중에 다시 해보고 싶은 일이 있을까?

3. 10분의 마음 충전 시간이 주어진다면 무엇을 하고 싶을까?

4. 휴식을 취하고 있는 나에게 어떤 말을 해줄 수 있을까?

진로를 결정해야 하는데,
너무 막막해요

저는 중학교 3학년 원우예요. 진로를 정할 때 충분히 알아보고 고민한 뒤에 선택하고 싶은데, 그게 불가능하다는 게 너무 무서워요. 지난주 진로 특강 시간에 선생님께서 고교 학점제 때문에 고등학교 1학년 때부터 선택 과목을 정해야 한다고 말씀하셨어요. 그 이야기를 듣는 순간 가슴이 답답해졌어요. 한 번 잘못 선택하면 돌이킬 수 없을 것 같았거든요. 게다가 저는 아직 장래에 어떤 일을 하면 좋을지도 정하지 않았어요.

어릴 적부터 게임을 좋아하긴 했어요. 새로운 게임을 시작할 때마다 '이건 어떻게 만들었을까?' 하고 궁금해하고, 캐릭터나 스토리가 매력적인 게임을 보면 '나도 이런 걸 만들어보고 싶다'는 생각을 하기도 해요. 게임 개발자라는 직업에 관심을 가지고 알아본 적도 있어요. 하지만 단순히 게임을 좋아하고 관심이 있다는 이유로 진로를 정해도 되는지 확신이 서지 않아요. 지금은 게임을 좋아하지만, 시간이 지나면 마음이 바뀔 수도 있잖아요.

만약 게임 개발자가 됐는데 생각했던 것과 다르면 어떡해요? 아예 다른 걸 하고 싶어지면요? 오랜 시간 준비했지만 실력이 부족해서 결국 개발자가 되지 못하면 그때는 어쩌지요? 그때 가서 새로운 길을 찾기에는 이미 늦은 것 아닐까요?

제가 이런 고민을 늘어놓으면 친구들은 "일단 해봐, 안 되면 바꾸면 되지 뭐."라며 대수롭지 않게 이야기해요. 부모님도 "네가 원하는 걸 하면 돼!"라고 말씀하세요. 하지만 저는 여전히 고민이 많아요. 제가 뭘 원하는지도 아직 잘 모르겠어요. 그래서 모든 선택지를 다 알고 나서 정하고 싶은데 현실적으로 불가능하지요. 진로를 쉽게 정하는 친구들을 보면 이런 제가 우유부단하게 느껴져요. 진로를 정하고 바꾸는 게 그렇게 간단한 일인가요? 제가 지나치게 신중한 걸까요? 완벽한 선택을 하지 못할까 봐 너무 두려워요.

상담이 시작되자 원우는 조심스럽게 입을 열었다. 게임 개발자라는 직업에 관심이 생겨 인터넷으로 경험담을 찾아보니 힘들다는 이야기가 너무 많아서 걱정이라고 했다. 어떤 이야기를 봤는지 묻자, 밤늦게까지 일해야 할 때가 많고, 일이 힘든 것에 비해 많은 돈을 벌지는 못한다고 했다. 하지만 그런데도 재미있다는 사람도 있어서 더욱 고민이 된다고 덧붙였다. 게임 개발자에 대해 알면 알수록 더 헷갈린다는 것이다. 좋은 이야기를 보면 하고 싶은 마음이 들지만 부정적인 이야기를 보면 쉽게 의욕이 꺾였다.

"100% 확실해야만 진로를 결정할 수 있다고 생각해?"

그렇게 묻자, 원우는 당연하다는 듯 고개를 끄덕이더니 잘못 선택해서 나중에 후회하면 어떻게 하냐고 되물었다. 친구들은 일단 그냥 해보라며 쉽게 이야기하지만, 자신은 그게 안 된다고 했다. 원우는 직업에 대한 정보를 충분히 수집하고 고민한 뒤 후회 없는 선택을 하고 싶어 했다.

"하지만 진로를 정하는 데 있어서 완벽한 답이라는 것은 없어."

그제야 원우는 깨달았다. 이때까지 자신이 찾고 있던 것은 직업에 대한 정보가 아니라 '절대 틀릴 일 없는 완벽한 답'이라는 것을 말이다. 원우는 틀릴 수도 있다는 가능성 자체를 받아들이기 어려워했다.

만반의 준비를 하여 완벽한 선택을 하고 싶은 마음이 드는 것은 이상한 일이 아니다. 하지만 세상에 100% 확실한 선택은 없다. 모든 것을 갖춘 완벽한 상태를 좇다가 아무것도 선택하지 못하는 것보다, 70%의 확신으로 시작하는 것이 현명하다. 처음에는 어렵겠지만 계속해서 연습하면 불완전한 선택도 좋은 선택으로 만들어갈 수 있다는 걸 배우게 될 것이다.

'완벽한 선택'이라는 환상에서 벗어나자!

하나부터 열까지 제대로 준비된 완벽한 상태를 기다리는 것은 사실 선택을 미루는 핑계일 수 있다. 우리가 잘 알고 있는 성공한 사람들도 처음에는 불확실한 선택을 했다. 어떤 일을 시작하는 데 있어 중요한 건 완벽한 선택을 하는 것이 아니라 나의 선택을 좋은 결과로 만들어 가는 것이다.

처음에 원우는 가능한 한 많은 정보를 숙지한 뒤 진로를 결정하고 싶다고 했지만, 성공한 게임 개발자의 이야기를 찾아보며 새로운 관점을 얻었다. 대부분 처음에는 자신의 선택에 확신이 없었지만, 시행착오를 겪으며 자신만의 길을 찾았다고 했다. 개중에는 게임 개발과 전혀 관련 없는 일을 하다가 진로를 바꾼 사람의 이야기도 있었다. 그는 대학에서 영어 교육을 전공한 뒤, 영어 학원에서 강사로 일하다가 뒤늦게 게임 개발자의 꿈을 키웠다. 30세의 나이에 직장을 그만둔 그는 컴퓨터 학원을 다니며 프로그래밍을 배우기 시작했고, 그로부터 2년 뒤에 개발자로서 첫 발을 내딛었다.

그들의 이야기에 원우는 부담감을 조금이나마 내려놓게 되었다. 처음부터 완벽하지 않아도 괜찮다는 걸 알게 된 것이다. 그러면서 원우는 진로를 판단하는 자신만의 기준을 정리했다. 재미를 느끼는지, 계속 배우고 싶은 분야인지, 어려움을 맞닥뜨려도 포기하지 않고 헤쳐 나갈 마음이 드는지 등 기준을 세우고 스스로 답하며, 구체적인 판단의 근거를 마련하고 불안을 잠재우는 것이다.

태연쌤의 진로 코멘트 진로를 선택할 때 내가 중요하게 생각하는 가치를 세 가지 정해봐. 그것을 기준으로 삼았을 때 70% 이상 충족한다면 용기 내어 시작해봐.

불안을 확신으로 바꾸는 작은 행동부터 해봐!

막연한 불안은 직접 경험해보지 않아서 생기는 경우가 많다. 큰 결정을 내리기 전에 작은 경험을 차곡차곡 쌓으면 불안이 점차 확신으로 바뀐다. 게임 개발에 관심이 있었지만 선뜻 선택하기 불안했던 원우는 개발자의 삶을 직간접적으로 경험해보기로 했다.

먼저 유튜브에서 간단한 게임 제작 튜토리얼을 따라 했다. 실제로 해보니 생각보다 복잡하고 어려워 한참을 헤맸지만, 캐릭터가 화면에서 움직일 때 큰 성취감을 느꼈다. 자신이 만든 거라며 혼자 소리쳤을 정도였다.

그런 다음에는 게임 회사에서 일하는 업계 선배를 찾아 대화할 기회를 만들었다. 게임 개발자의 실제 업무와 근무 환경 등 현실적이고 솔직한 이야기를 많이 들을 수 있었다.

"항상 재미있기만 한 것은 아니고 힘든 점도 많지만, 사람들이 내가 만든 게임을 하며 즐거워하는 모습을 볼 때 뿌듯함이 가장 커!"

선배의 말에 원우는 시작할 용기를 얻었다.

태연쌤의 진로 코멘트 관심 있는 분야를 공부해보자. 무료로 진행되는 온라인 강의를 듣거나 지역 단체에서 운영하는 멘토링 프로그램 등을 활용할 수 있어. 해당 분야에서 일하는 사람과 직접 대화하며 궁금증을 해소하는 것도 도움이 될 거야. 작은 경험이 큰 불안을 잠재울 수 있다는 걸 기억해!

선택에 대한 책임감을 키우자!

모든 선택에는 책임이 따른다. 충분한 고민 끝에 선택했다면, 이제 그에 대한 책임을 질 차례다. 불완전한 선택을 했을 때도 마찬가지다. 아직 완벽히 준비되지 않았지만 70%의 확신으로 시작해보기로 마음먹었다면, 남은 건 그것을 좋은 선택으로 만드는 일이다. 그게 '진짜 실력'을 기르는 길이다.

원우는 몇 달간의 탐색 끝에 게임 개발자가 되기로 결심했다. 여전히 100% 확신이 들지는 않았지만, '이 선택을 좋은 선택으로 만들어보겠다'는 마음가짐을 가졌다. 진로를 결정한 뒤에는 부모님에게 자신의 선택을 알렸다. 충분히 생각하고 결정한 것인지 묻는 부모님에게 원우는 "제 기준에는 이게 맞는 것 같아요. 혹시 나중에 마음이 바뀌더라도 지금은 이게 최선의 선택이라고 생각해요."라고 대답했다.

태연쌤의 진로 코멘트 '완벽한 선택' 대신 '최선의 선택'을 해봐. 그리고 그 선택을 좋은 결과로 만들겠다는 책임감을 가지고 한 걸음 앞으로 나아가면 돼.

원우는 완벽한 선택에 대한 강박에서 벗어났다. 틀릴 수도 있다는 불안을 완전히 떨쳐내지는 못했지만, 이제는 100%의 확신을 기다리지 않는다. 70%의 확신과 30%의 용기로 시작하는 법을 배웠다. 직접 게임을 만들어보고, 업계 선배에게 현실적인 조언을 구하면서, 부족한 확신은 다양한 경험을 통해 서서히 채우면 된다는 것도 깨달았다. 가장 큰 변화는 완벽하지 않아도 괜찮다고 생각하게 된 것이다. 선택의 완벽함보다 선택 이후의 노력이 더 중요하다는 것을 알게 되었다.

"완벽한 결정을 기다리지 말자.

지금 할 수 있는 최선의 선택을 하고,

그것을 좋은 결정으로 만들어 가면 돼."

1. 완벽한 진로를 찾고자 하는 마음은 어디서 비롯되었을까?

2. 모든 정보를 다 알고 싶어 하는 나는 사실 무엇이 두려운 걸까?

3. 70%의 확신으로 시작하면 어떤 좋은 점이 있을까?

4. 완벽하지 않은 나에게 어떤 격려의 말을 해줄 수 있을까?

꿈이 자꾸 바뀌어요

저는 중학교 3학년 윤서예요. 고등학교 입학을 3개월 앞두고 있는데, 정말 혼란스러워요. 제가 너무 이상한 것 같거든요. 초등학교 때까지는 치과 의사가 되고 싶었어요. 아빠께서 "윤서는 치과 의사가 되면 좋겠구나."라고 자주 말씀하셨거든요. 특별히 관심 있는 직업은 아니었지만 아빠의 이야기를 듣다 보니 나쁘지 않은 것 같았어요. 의사 중에서도 수입이 안정적이고 업무 강도가 낮은 편이라고 하셨으니까요.

그런데 중학생이 되니 꿈이 바뀌었어요. 이모 댁에 놀러 갔다가 우연히 재미있는 소설을 읽게 됐는데, 이모가 "그 작가는 늦은 나이에 글을 쓰기 시작했지만, 그 책 한 권으로 수백억을 벌어들였어."라고 한 거예요. 누구나 글을 쓸 수 있다면서 말이에요. 그 작가에 대해 한참 이야기한 뒤에는 "윤서도 그런 멋진 글을 쓰는 작가가 되면 좋겠다."라고 하셨어요. 재미있는 글을 쓰면서 돈도 벌 수 있다니, 멋있어 보였어요. 그래서 작가가 되겠다고 결심했어요.

그러다 중학교 2학년 때 진로 수업에서 적성검사를 했는데 추천 직업 중에 승무원이 있었어요. 그걸 본 친구들이 "윤서랑 잘 어울리는 것 같아."라고 말했어요. 한 친구가 이야기를 꺼내자 다른 친구들도 맞다며 부추기기 시작했어요. 승무원이 되면 여러 나라를 여행할 수 있고 비교적 자유롭게 시간을 쓸 수 있대요. 그런 직업을 갖는 것도 괜찮겠다는 생각이 들었고, 학기 말에 장래희망 조사를 할 때 승무원이라고 써서 냈어요.

그렇게 중학교 3학년이 되었고, 곧 고등학생이 될 거예요. 그런데 이제 와서 생각하니 내가 진짜 원하는 게 무엇인지 모르겠어요. 한 번도 진지하게 생각해본 적 없는 것 같아요. 그저 주변에서 '이런 게 좋대', '이런 게 잘 어울려'라고 하니까 그런가보다 생각했을 뿐이에요. 대체로 확 끌리는 것도 아니지만 아주 싫지도 않거든요. 하지만 고등학생이 된다고 생각하니 어서 한 가지를 정해야 할 것 같아요. 어떻게 하면 좋을까요?

"주변에서 좋다니까, 잘 어울린다니까 그런가보다 했어요. 정작 정말로 하고 싶다는 생각이 든 적은 없었던 것 같아요."

그동안 윤서는 다른 사람의 말만 듣고 장래 희망을 바꿔왔다. 하지만 그 과정에서 자신이 정말 하고 싶은 것은 무엇인지, 내가 어떤 일을 잘할 수 있는 사람인지 등을 진지하게 고민해본 적은 없었다.

"다른 사람들이 원하는 거 말고 네가 원하는 건 뭐야?"

그렇게 묻자 윤서는 대답하지 못했다. 한 번도 제대로 생각해보지 않았기 때문이다. 아버지가 좋다고 해서, 이모가 추천해서, 친구들이 어울린다고 하니까 선택했을 뿐이다. 잠시 침묵이 흐른 후, 윤서는 무엇인가 깨달은 표정으로 말했다.

"지금까지 제 마음을 제대로 들여다본 적 없는 것 같아요. 항상 다른 사람의 기준으로만 판단했지, 제 기준을 만들 생각은 하지 못했어요."

그런 윤서에게는 자신의 마음 깊숙한 곳을 들여다볼 시간이 필요했다. 하지만 다른 사람들의 말과 기대를 따라가는 사이 윤서는 자기 자신을 알아가는 방법을 잊어버렸다. 이제부터라도 자신이 진짜 하고 싶은 일을 찾아보려 해도 어떻게 해야 하는지 알 수 없었다. 게다가 이제 와서 이런 고민을 하기에는 너무 늦은 것이 아닌지 걱정되기도 했다. 다른 친구들은 확실하게 하고 싶은 게 있는데 자신만 처음부터 생각해야 한다니, 그냥 지금까지 괜찮다고 생각했던 직업 중한 가지를 고르는 게 낫지 않을까 싶기도 했다.

"윤서야, 꿈을 빨리 정하는 것보다 너에게 맞는 게 무엇인지를 아는 게 훨씬 더 중요해."

그 말에 윤서는 난감한 표정을 지었다. 어떻게 해야 할지 방법을 모르겠다는 것이었다.

"다른 사람의 조언을 잘 듣는 건 분명 장점이야. 그건 타인을 배려하는 일이기도 하거든. 이제부터는 그 능력에 내 마음의 목소리를 추가해보자. 지금부터가 진짜 시작이야."

자신의 목소리를 찾아가는 여정을 떠날 준비를 마친 윤서에게 두려움보다 큰 설렘이 찾아왔다. 윤서는 처음으로 다른 사람의 기대가 아니라 자신이 진정으로 원하는 것을 좇는다는 생각에 가슴이 두근거렸다.

변화 속에서 변하지 않는 나만의 가치를 찾자!

꿈이 바뀌어도 나를 구성하는 성격이나 핵심 가치는 쉽게 바뀌지 않는다. 변화하는 꿈 속에서도 변하지 않는 나만의 가치를 찾아보자. '나는 어떤 가치를 소중히 여기고 있을까?'라고 스스로에게 질문을 해보는 것이다.

윤서는 꿈이 자주 바뀌었지만, 그 과정에서도 바뀌지 않는 것이 있었다. 사람들에게 좋은 영향을 주는 일에 관심을 갖는다는 것이다. 치과 의사는 치료를 통해 사람들의 아픔을 덜어줄 수 있고, 작가는 상상력 넘치는 이야기로 독자들에게 재미와 감동을 전할 수 있으며, 승무원은 승객이 편안하고 안전한 여행을 할 수 있도록 도울 수 있다.

윤서는 자신이 다른 사람의 말을 따라가기만 한다고 생각했지만, 사실은 사람들과 소통할 때 즐거움을 느끼고, 누군가에게 도움이 되었을 때 보람을 느끼는 성격이 무의식중에 선택에 반영된 것이다. 윤서는 자신이 소중하게 여기는 가치가 '사람들에게 도움을 주는 일'이라는 것을 깨달았다.

태연쌤의 진로 코멘트 지금까지 관심 가졌던 직업을 하나씩 떠올려보고, 그때 느꼈던 감정을 되새겨봐. 반복적으로 나타나는 공통점과 변하지 않는 핵심 가치를 발견하게 될 거야.

'나'를 자세히 기록하자!

윤서는 자기 확신이 부족했다. 스스로에 대한 정보가 부족하기 때문이다. 자신이 무엇을 좋아하고 싫어하는지, 어떤 일에 흥미를 느끼거나 지루해하는지, 언제 성취감을 느끼고 언제 쉽게 포기하는지 못했다.

에게 자기 모습을 상세하게 기록해볼 것을 제안했다. 하

즐거웠던 순간, 힘들었지만 끝까지 해낸 경험, 다른 사람

받았던 일 등을 자세하게 적는 것이다. 그때의 상황과 더

느낀 점을 함께 적기를 권했다.

기록은 막연한 고민을 구체적인 단서로 바꿔준다. 시간이 지나

기록이 쌓이면, 그 속에서 '나'라는 사람의 고유한 특성을 찾을 수 있

다. 그것은 윤서가 앞으로 자신의 길을 선택하고 나아가는 데 든든

한 나침반이 되어줄 것이다.

필요

태연쌤의 진로 코멘트 그날의 기록 마지막에 '나는 어떤 상황에서든 이런 걸 중요하게 생각해'라는 문장을 완성해봐. 그리고 '나는 이런 일 을 할 때 가장 즐거워해'라고도 써봐.

타인의 눈에 비친 내 모습을 보자!

계속되는 변화에 내가 어떤 사람인지 헷갈릴 때는 나를 잘 아는

주변 사람들의 이야기를 들어보면 도움이 된다. 내 눈에는 잘 보이

지 않는 나의 모습이 다른 사람에게는 선명하게 보일 때가 많다. 부

모님, 선생님, 친구들에게 자신의 고민을 솔직하게 털어놓고, 조언을 구해보자.

윤서가 아버지에게 자신이 어떤 사람인지 묻자, '집중력이 높고 꼼꼼한 사람'이라고 대답했다. 윤서는 아주 어릴 적부터 종이접기나 그림 그리기처럼 집중력을 요구하는 일에 소질이 있었다. 어린아이들은 그런 활동을 어려워하기 마련인데, 윤서는 선을 맞춰 접거나 정해진 위치에 알맞은 색을 칠하기를 잘했다.

이모는 윤서가 '상상력이 풍부하고 표현력이 좋은 사람'이라고 했다. 윤서는 초등학교 과학의 날 행사에서 '미래 도시 상상화 그리기' 부문 대상을 탄 적이 있었다. 그때 윤서가 그린 그림을 본 이모는 줄곧 윤서의 상상력과 표현력을 기억하고 있던 것이다.

친구들은 윤서가 '남을 돕는 일에 솔선수범하는 사람'이라고 생각했다. 윤서는 늘 주변 사람들을 세심히 살피며 도움이 필요한 친구를 가장 먼저 알아차렸다. 자신이 불편을 감수하면서까지 타인을 돕는 데 거리낌이 없는 윤서의 특성을 친구들은 기억하고 있었다.

이처럼 윤서는 주변 사람들의 이야기를 듣고 자신이 어떤 사람인지 알게 되었다. 어떤 성향과 강점을 지니고 있는지 말이다.

태연쌤의 진로 코멘트 나의 변화에 대해 가족 또는 친구와 이야기를 나누며, 여러 사람들이 공통적으로 말하는 부분이 있는지 살펴봐.

윤서는 새롭게 자신의 꿈을 찾아가고 있다. 하지만 이제는 너무 늦은 것 같다는 생각에 좌절하기보다 '이것도 다른 사람을 돕는 일인가?', '타인뿐만 아니라 나도 행복할 수 있는 일인가?'와 같은 질문을 던지며 자기 자신을 더 알아가려 한다. 주변 사람들의 조언을 마음에 새기며, 그것을 바탕으로 '나는 어떤 사람인가?'라는 질문에 대한 답을 찾고 있다.

"나는 변덕스러운 게 아니라 성장하는 중이야.
변화 속에서 변하지 않는
나만의 가치를 찾아가고 찾는 거야!"

 **내 마음 쓰기**

1. 다른 사람의 말을 듣고 진로를 결정했을 때 나는 어떤 마음이었을까?

2. 내가 진짜 중요하게 생각하는 가치는 무엇일까?

3. 지금까지 여러 가지 진로를 탐색한 것이 나에게 어떤 도움이 될까?

4. 내 마음의 목소리를 들으려면 어떻게 해야 할까?

진로를 바꾸고 싶은데
늦은 것 같아요

저는 고등학교 1학년 명우예요. 저는 어릴 적부터 줄곧 선생님이 되고 싶었어요. 초등학교 때부터 키운 꿈이에요. "나는 이다음에 꼭 선생님이 될 거야."라고 입버릇처럼 말했고, 중학생이 되어서는 사범대에 가기 위해 일반고에 진학했어요. 그런데 요즘에는 내가 정말 선생님이 되고 싶은지 잘 모르겠어요.

며칠 전에 친구에게 수학 문제를 가르쳐줄 때였어요. 몇 번이나 설명했는데도 도통 이해하지 못하는 친구를 보니 답답한 마음을 숨길 수가 없었어요. 그 순간 문득 '누군가를 가르치는 일이 나와 잘 맞지 않는 것은 아닐까?' 하는 의구심이 들었어요. 그러다 얼마 후 '현직 교사가 말하는 교직의 현실'이라는 영상을 보게 되었는데 덜컥 겁이 났어요. 야근, 주말 출근, 학부모 항의, 끝없는 행정 업무 등, 제가 상상했던 것과 다른 모습에 충격을 받았어요.

게다가 최근에는 선생님이라는 직업과는 조금도 관련이 없는 새로운 것에 관심이 생겼어요. 친구들과 함께 학급 소개 영상을 만들 기회가 있었는데, 직접 기획한 영상을 촬영하고 편집하는 과정이 너무 재미있는 거예요. 어떻게 해야 친구들의 흥미를 자극할 수 있을지 고민하는 게 무척 즐거웠어요. 완성된 영상을 보고 친구들이 웃을 때는 이루 말할 수 없을 정도로 가슴 벅찼어요. 마치 인기 예능 프로그램의 프로듀서가 된 것 같았지요.

그 일을 계기로 프로듀서라는 직업에 관심을 가지게 되었어요. 사람들에게 재미와 감동을 주는 콘텐츠를 만드는 일이 매력적으로 느껴졌어요. 하지만 관심이 생겼다는 이유만으로 진로를 바꿔도 괜찮은지 모르겠어요. 선생님이 되기 위해 사범대에 갈 계획을 세우고 교육 관련 책도 읽었는데, 프로듀서가 되려면 또 어떤 준비를 해야 할까요? 무엇을 공부해야 할지도 모르겠어요. 진로를 바꾸는 구체적인 방법이 궁금해요.

상담실에 들어선 명우에게 어떤 고민이 있는지 묻자, 명우는 기다렸다는 듯 진로를 바꾸고 싶다고 대답했다. 하지만 방법을 몰라 막막하다는 것이었다. 명우는 오랫동안 교사가 되기를 꿈꿨지만, 최근 들어 프로듀서라는 직업에 관심을 가지기 시작했다. 프로듀서가 되어야겠다고 결심한 계기를 묻자 명우의 눈빛이 달라졌다. 학급 소개

영상을 만들며 연출이나 편집을 직접 담당했는데, 그 과정이 너무 재미있어 푹 빠져들었다는 것이다.

그런데 프로듀서가 되기 위해 앞으로 어떻게 준비할 생각인지 물으니 이제까지 재잘거리며 이야기를 늘어놓던 모습은 온데간데없었다. 명우는 머뭇거리며 그게 문제라고 했다. 일찍이 꿈을 정한 명우는 이때까지 오직 사범대에 진학해 교사가 될 생각뿐이었다. 그래서 교사가 되는 방법에 대해서만 고민했다. 프로듀서가 되려면 어떤 것을 공부하고 준비해야 하는지는 조금도 알지 못했다.

"진로를 바꾸는 것은 쉽지 않은 일이지만 체계적으로 접근하면 얼마든지 가능해. 그리고 지금까지 네가 쌓아 온 경험도 새로운 길로 나아가는 데 분명 도움이 될 거야."

상담을 마친 뒤 명우는 자신의 새로운 꿈을 구체화하고, 실행 계획을 세우기 시작했다. 그 시작은 교육과 콘텐츠 제작 모두 사람들에게 무언가를 전달하는 일이라는 공통점을 발견하는 것에서부터였다.

누구나 새로운 것을 시작할 때는 두려움과 막막함이 뒤따르기 마련이다. 명우처럼 이제까지 노력하던 것이 있을 때는 더욱 그렇다. 이런 때일수록 막연한 고민과 걱정보다는 구체적인 실행 계획이 필요하다. 계획에 따라 체계적으로 접근하면 진로 변경도 충분히 가능하다.

험을 새로운 자산으로 활용하자!

해서 지금까지의 경험이 의미를 잃어버리는 건

'험을 새로운 분야에 창의적으로 활용할 수

'한 강점이 된다.

씩 점검했다. 동생과 친구들에게 공

어려운 내용을 쉽게 이해할 수 있
는 것

설명하는 자신의 모습을 발견할
하기 쉬울까

집중할 수 있는 분위기를 만
까?'라는 질문으

있었다. '어떻게 하면 이해
과적인 전달 방식을   자를 즐겁게 할 수 있

다. 명우는 이제까지 자   책을 읽으며 익힌 효

있다는 사실에 놀라면서도 안다는 생각이 들었

로에 접목할 수

태연쌤의 진로 코멘트   지금까지의 경험

고 새로운 관심 분야와의 연결점을 찾아봐.

른 길'이 아닌 '확장된 길'이라는 것을 발견할 수 있
                                        그리

단계별로 실행 계획을 세우

막연한 꿈을 구체적인 현실로 만들려면 단계별

하다. 지금 당장 모든 것을 바꾸려 하지 말고 단계를

자. 그러면 부담은 줄고 성공 가능성은 높아진다.

명우는 프로듀서가 되기 위한 구체적인 로드맵을 그

표를 수정했다. 사범대에 진학하거나 교직 이수를 통혀

취득하는 대신 미디어 관련 학과에 진학해 전문

로 말이다. 그리고 앞으로 3년 동안 새로운 목표

를 꾸리고 포트폴리오를 구성하기로 했다. 서

명우는 먼저 다양한 교내 활동에 참 를 읽으

능한 이야깃거리를 모았다. 학급 해

을 맡고, 반 친구들의 생일 축하   .학할 기회를

는 온라인으로 영상 편집 강   .었다.

머 관련 지식을 습득했다.행 계획을 세우고 하나

마련해, 현직 예능 프 시는 것은 물론이고, 진로 적

이렇게 일정 갔다.

씩 실천해 나기

합성 또한

6개월 단위로 구체적인 실행 계획을 세우고 실천해봐. 2개월에 한 번씩 달성 여부를 점검하며 상황에 맞게 계획을 수정하면, 나만의 맞춤형 로드맵을 그리는 데 도움이 돼.

소통을 통해 지지 기반을 만들자!

심사숙고하여 진로를 결정했다면 이제 부모님, 선생님, 친구들과 소통하며 이해와 지지를 얻을 차례다. 자신이 좋아하고 잘할 수 있는 일을 선택했더라도, 꿈을 향해 나아가는 과정에서 실패와 좌절을 겪을 수 있다. 그럴 때 주변 사람들의 이해와 지지는 나를 지탱해주는 든든한 버팀목이 된다.

결정한 진로를 주변에 알릴 때는 갑작스럽게 발표하기보다 점진적으로 변화를 보여주는 것이 효과적이다. 명우는 '영상을 만드는 일이 재미있어서 관련 공부를 하고 있다'며 말문을 열었다. 그러면서 자신이 만든 영상을 부모님께 보여드렸다. 어머니는 깜짝 놀라며 "우리 명우가 이런 걸 만들었어? 정말 재미있게 잘 만들었네." 하고 긍정적인 반응을 보였다. 그리고 몇 달 뒤, 부모님께 자신의 생각을 정식으로 말씀드렸다.

"교육도 좋지만 영상 콘텐츠를 통해 더 많은 사람에게 재미와 감

동을 주고 싶어요. 지금까지 선생님이 되기 위해 준비하고 노력한 것

들을 활용해서 말이에요."

어려서부터 교사 이외에는 다른 직업을 꿈꿔본 적 없는 명우의

말에 부모님은 조금 놀랐지만, 명우가 자기 주도적으로 진로를 탐색

하고 체계적으로 준비하는 모습을 지켜보며 점차 이해하게 되었다.

정말 좋아하는 일을 찾은 것 같아 기쁘다며, 열심히 준비해보라는

응원도 건넸다.

태연쌤의 진로 코멘트 실행 계획을 세울 때와 마찬가지로, 부모님께

나의 변화에 대해 단계적으로 이야기해봐. 갑작스러운 발표보다는 꾸

준한 관심과 준비 과정을 보여주는 것이 더 설득력이 있을 거야.

체계적인 준비 덕분에 명우의 꿈은 더욱 선명해졌다. 구체적인 실

행 계획을 수립하고 순차적으로 실행하는 과정에서 명우는 불안한

마음을 잠재우고 자신감을 얻을 수 있었다. 프로듀서 역시 교사와

마찬가지로 사람들에게 정보와 지식을 전달한다는 공통점을 발견

하고, 지금까지 쌓아 온 경험과 역량이 무의미하지 않다는 걸 깨달

은 것이 많은 도움이 되었다.

물론 여전히 잘 해낼 수 있을 거란 확신이 부족하고, 부모님이 실

망하실까 봐 걱정되기도 하지만 전처럼 막막하지만은 않다. 명우의

변화를 이해하고 아낌없는 응원을 보내는 부모님과 친구들이 있기 때문이다.

"진로를 바꾼다고 해서 그동안의 경험과 노력이
물거품처럼 사라지지 않는구나.
내가 지나온 길은 새로운 여정의
단단한 밑거름이 될 거야."

1. 진로를 바꿀 때 불안을 느끼는 까닭은 무엇일까?

2. 지금까지 쌓아 온 경험들이 나에게 속삭이는 말은 무엇일까?

3. 새로운 시작에 대한 두근거림과 두려움의 비율은 어떻게 될까?

4. "지금이 완벽한 타이밍이야."라고 나를 격려해봐.

진로 적성검사 결과가 왜 매번 다를까요?

저는 중학교 3학년 희서예요. 고등학교 진학을 앞둔 요즘, 저는 고민이 많아요. 고등학교 계열을 정해야 하는데 아직 내가 뭘 좋아하고 잘하는지 잘 모르겠어요. 답을 찾기 위해 진로 적성검사를 해봐도 할 때마다 결과가 다르게 나와 난감해요.

학교에서 실시한 검사에서는 예체능에 특화되어 있다는 결과가 나왔어요. 저는 어릴 때부터 태권도와 검도 등의 운동을 고루 배웠고, 지금은 취미로 기타를 치고 있어요. 모두 좋아하는 활동이긴 하지만, 직업으로 삼을 만큼은 아니에요. 예체능 관련 직업을 가진 제 모습은 상상해본 적 없어요. 또 다른 기관에서 검사했을 때는 상담사라는 직업이 나왔어요. 평소 친구들의 이야기를 듣는 것을 좋아하고, 또 잘하기도 하지만 마찬가지로 그게 직업이 될 수 있다고는 생각하지 않았지요. 그뿐만이 아니에요. 검사할 때마다 과학자, 디자이너 등 연관성이라고는 찾아보기 어려운 새로운 직업이 계속해서 언급돼요. 저에 대해 분명하게 알고 싶어서 검사를 했는데 오히려 더 혼란스럽기만 해요.

처음 적성검사를 할 때는 내가 잘 모르는 내 모습을 찾을 수 있을 거라는 생각에 기대됐어요. 하지만 이제는 또 어떤 엉뚱한 결과가 나올지 걱정되고, 그러다 보니 검사 자체가 무의미하게 느껴질 때가 있어요. 누군가가 하고 싶은 일이 무엇인지 물을 때 여전히 잘 모르겠다고 대답하는 제 모습을 발견하면 가슴이 답답해져요. 나의 진짜 적성은 대체 무엇일까요?

상담실을 방문한 희서 어머니의 손에는 희서의 적성검사 결과지가 여러 장 들려 있었다. 각기 다른 기관에서 시행된 검사의 결과지를 책상에 펼쳐놓으며 어머니는 얕은 한숨을 쉬었다. 희서가 고등학교 계열을 정하지 못해 골머리를 앓고 있다고 말했다. 아직 하고 싶은 것이 없다기에 적성검사를 여러 번 해봤는데, 매번 다른 결과가 나온다는 것이었다. 그러면서 희서가 자기 자신에 대한 이해가 부족한 것은 아닌지 걱정했다.

뒤이어 상담실을 찾은 희서는 조금 지쳐 보였다. 천차만별인 검사 결과 때문인 것 같았다. 아니나 다를까 희서는 이제는 뭐가 뭔지 모르겠다며 한숨을 쉬었다. 그런 희서에게 평소 학교생활 모습이 어떤지 물어보니 늘 친구들에게 둘러싸여 지낸다는 대답이 돌아왔다. 자신은 말하는 것보다 듣는 것을 좋아하는 편인데, 그런 성향 덕분인지 친구들이 속이야기를 곧잘 털어놓는다는 것이다. 얼마 전에도 부모님과 갈등이 있었던 친구의 이야기를 한 시간 넘게 들어줬다고 말하며, 친구들이 "너한테 이렇게 이야기하니 마음이 한결 편해진다."라고 할 때 뿌듯하다고 덧붙였다. 이렇게 친구들의 이야기를 가만히 듣다 보면 왜 어떤 사람은 쉽게 화가 나고 어떤 사람은 인내심이 많은지 궁금해지기도 한다고 했다.

"상담사라는 결과가 나온 게 완전히 우연은 아닌 것 같아요."

희서는 불현듯 무언가 깨달았다. 그 순간 희서는 적성검사 결과에만 연연하던 자기 모습을 돌아봤다. **어쩌면 표면적으로 나타나는 검사 결과보다 자신의 마음이 보내는 신호가 더 중요할지도 모른다는 생각이 들었다.**

마음의 신호에 귀 기울이자!

적성검사는 하나의 참고 자료일 뿐, 정답이 아니다. 진로 탐색을 위해 적성검사를 활용하는 것은 좋지만, 그보다 중요한 건 일상에서 느끼는 즐거움과 보람을 주의 깊게 관찰하는 것이다.

희서는 지난 한 달을 돌아보며, 시간 가는 줄 모르고 몰두했던 일과 가슴이 뛰었던 순간을 떠올렸다. 스트레스를 풀기 위해 기타를 연주했을 때 즐거웠지만 그건 그저 '재미있는 일'에 지나지 않았다. 하지만 친구의 이야기를 들어줄 때는 '타인에게 도움을 주었다는 기쁨'을 느꼈다. 특히 친구가 고민을 털어놓은 뒤 마음이 편해졌다고 했을 때는 의미 있는 일을 했다는 생각에 뿌듯함이 밀려왔다.

"그래서 상담사가 나온 거구나! 제가 무의식중에 그런 걸 원하고 있었나 봐요. 남의 이야기 듣기를 좋아하는 줄로만 알았지, 그게 진로와 연결될 수 있다고는 생각하지 못했어요."

태연쌤의 진로 코멘트 지난 한 달 동안 언제 가장 즐거웠는지, 언제 보람을 느꼈는지 구체적으로 떠올려봐. 검사 결과보다 내 마음이 보내는 신호가 더 정확할 수 있어.

호기심의 실마리를 따라가봐!

사람들의 행동 양상과 마음에 대한 호기심이 풍부한 희서는 이것이 어떤 분야와 연결될 수 있을지 알아보기로 했다. 희서는 평소 사람들의 '반응'에 관심이 많았다. 같은 상황에서 왜 어떤 사람은 쉽게 화를 내고 어떤 사람은 인내할 수 있는지, 같은 말에 누군가는 상처 입고 누군가는 그렇지 않은 이유가 무엇인지 등이 궁금했다. 그러던 중 이 궁금증에 대한 해답을 뇌 과학에서 찾을 수 있다는 것을 알게 되었다. 친구와의 대화를 통해 사람의 감정이 뇌와 관련 있다는 사실을 알게 된 것이다.

그날부터 희서는 뇌 과학과 관련된 자료를 찾아보기 시작했다. 가장 인상적이었던 건 유튜브에서 본 한 영상이었다. 그 영상에는 화날 때 사람의 뇌에서 어떤 변화가 일어나는지, 기억은 어떻게 만들어지는지, 감정은 뇌의 어느 부분에서 비롯되는지 등 희서가 궁금해하는 내용이 모두 담겨 있었다. 희서는 며칠 동안 뇌 과학 관련 영상을 보고, 책도 빌려 읽으면서 진로에 대한 확신을 쌓았다.

태연쌤의 진로 코멘트 평소 궁금증을 느꼈던 것을 그냥 넘기지 말고 따라가봐. 그 안에 진짜 관심사의 실마리가 숨어 있을지도 몰라!

작은 경험으로 확신 키워봐!

어떤 결정에 대한 확신이 부족할 때는 직접 경험할 기회를 만들면 좋다. 자료 조사나 상상만으로는 한계가 있으니, 현재 자신의 위치에서 실제로 해볼 수 있는 일을 찾아보는 것이다.

희서가 뇌 과학에 관심을 갖고 얼마 지나지 않아 진로 시간에 관심 분야를 발표할 수 있는 기회가 생겼다. 희서는 뇌과학 관련 영상을 찾아보고, 청소년 과학 잡지에서 관련 기사를 스크랩하며 정보를 모았다. 평소 발표를 그다지 좋아하지 않는 희서였지만 이번만큼은 달랐다. 흥미를 느끼는 분야를 깊이 파고들다 보니 시간 가는 줄을 몰랐고, 더 자세히 알고 싶은 긍정적인 욕심이 자라났다. 그렇게 공들여 준비한 발표인 만큼 학급 친구들의 반응도 좋았다. 쉽지 않은 내용이지만, 희서가 또래 친구들의 눈높이에 맞춰 자료를 선별하고 설명 방식을 연구했기 때문이다.

이 경험으로 희서는 자신이 선택한 진로에 확신을 가지게 되었고, 커다란 고민거리였던 고등학교 계열과 선택 과목까지 물 흐르듯 자연스럽게 정할 수 있었다. 앞으로 희서는 고등학교에 진학해 생명과학과 화학을 집중적으로 학습하며, 추가적으로 심리학 또한 꾸준히 공부할 계획이다.

태연쌤의 진로 코멘트 관심 있는 분야를 직접 경험해봐. 해당 분야의 전문 지식을 익히거나, 관련 프로젝트나 발표에 참여하는 것도 좋아. 그리고 그 과정에서 느끼는 네 감정을 잘 관찰해봐.

뇌 과학에 관심을 갖게 된 뒤 희서는 완전히 달라졌다. 적성검사 결과에 의존하며 일희일비하던 모습은 온데간데없고, 자신의 마음이 보내는 신호를 따라 앞으로 나아가는 희서만 남았다. 친구들의 이야기를 들어주며 느꼈던 뿌듯함과 사람의 마음에 대한 끝없는 궁금증이 나의 진짜 관심사라는 것을 깨달은 덕분이다. 이번 상담으로 희서는 검사지 속 문항보다 스쳐 지나가는 일상의 사소한 순간이 더 정확한 나침반이 될 수 있다는 것을 알게 되었다.

"적성검사 결과는 길을 찾기 위한
하나의 수단일 뿐이었어.
가장 정확한 답은 나의 경험 속에 있구나!"

내 마음 쓰기

1. 검사 결과에 의존하는 까닭은 무엇일까?

2. 내 마음이 가장 솔직해지는 순간은 언제일까?

3. 남들이 만든 기준 말고, 내가 만든 기준은 무엇일까?

모든 게 완벽하지 않아도 괜찮아
지금의 너로 충분해!

O.K.A.Y

O Open Mind (열린 마음 갖기)

K Kind to Yourself (자기 자신에게 친절하기)

A Accept Change (변화 수용하기)

Y Your Own Pace (너만의 속도로 걸어가기)

관심사가 다양해도, 없어도 OKAY

여러 가지에 관심이 많아도, 관심 있는 것을 아직 찾지 못했어도 괜찮아.
그것도 자연스러운 상태야.

진로가 흔들려도, 속도가 느려도 OKAY

진로가 계속 바뀌어도 괜찮아. 모두 자신만의 속도가 있는 법이야.

완벽하지 않아도, 시행착오를 겪어도 OKAY

실수하거나 돌아가도 괜찮아. 그 과정이 너를 더 단단하게 만들어줄 거야.

LEE YOUNG JI

하고 싶은 걸
진짜 할 수 있을까?

MZ 세대 대표 래퍼, 이영지

〈고등래퍼 3〉에 출연해 뛰어난 랩 실력으로 시리즈 최초의 여성 우승자 타이틀을 거머쥔 이영지는 도전을 멈추지 않고 〈쇼미더머니 11〉 우승으로 또 한 번 실력을 인정받았다. 자신의 진솔한 이야기를 담은 곡과 가사를 써내며, TV 프로그램과 개인 방송 등 활발한 활동을 이어가고 있다.

나는 어릴 때부터 유난히
하고 싶은 게 많았다.

사람들 앞에 나서는 것도 스스럼이 없었고,
그래서 무엇이든 도전할 수 있었다.

배우가 되고 싶어요

저는 배우를 꿈꾸는 중학교 3학년 은설이에요. 아주 어릴 때부터 배우가 되고 싶었어요. 다양한 연기로 많은 사람과 소통하며 감동을 전하고 싶거든요. 아직 어리지만 그럴 만한 끼가 있다고 생각해요. 하지만 부모님은 그 꿈을 인정하지 않으세요. 제가 진지하게 이야기해도 "현실을 좀 봐, 연예인은 아무나 하는 게 아니야."라고 딱 잘라 말씀하시는데, 그런 말을 들을 때마다 마음이 무너져요.

저를 걱정하는 마음에 그렇게 말씀하신다는 걸 알아요. 한편으로는 이해가 되기도 하고요. 제가 공부에 소질이 없는 편이 아니니 이대로 열심히 공부해서 의사나 변호사 같은 안정적인 직업을 가지는 게 좋겠다고 생각하실 거예요. 하지만 저는 점점 공부에 흥미를 잃어 가고 있어요. 매일 밤늦게까지 학원에 매여 있는 생활도 지치고, 맹목적으로 책상 앞에 오래 앉아 있는 것도 고

통스러워요. 수업이 시작돼도 집중하기가 어려워요.

이런 상황에서 공부를 지속하는 게 과연 맞는 일일까요? 부모님을 설득해 제 꿈에 다가설 방법은 없을까요? 시종일관 반대만 하시니 이제는 제 꿈에 대한 확신마저 흐려지는 것 같아요. 어떻게 하면 좋을지 모르겠어요.

몇 주 전, 은설이 어머니로부터 상담 요청이 들어왔다. 어머니는 걱정 가득한 목소리로 딸이 배우가 되고 싶어 하는데 솔직히 그런 재능이 있는지 잘 모르겠다고 말했다. 은설이는 반에서 1, 2등을 다툴 만큼 학업 성적이 우수했다. 비교적 안정적인 전문직에 종사하는 은설이의 부모님은 자연스럽게 딸도 같은 길을 가리라 생각했고, 그래서 배우가 되겠다는 말에 당혹감을 감출 수 없었다.

상담실을 찾은 은설이는 단호한 목소리로 자신의 꿈은 배우라고 이야기했다. 어려서부터 꿈꾼 일이고, 다른 직업은 생각해본 적 없다고 말하는 은설이의 목소리에는 강한 확신이 배어 있었다. 하지만 최근에 고등학교 진학을 앞두고 진로에 대해 부모님과 이야기 나눌 일이 많아지면서 은설이는 흔들리고 있었다. 자신의 간절한 꿈을 이해하지 못하는 부모님 때문이었다.

부모님은 은설이가 의사나 변호사 같은 전문직에 종사하기를 바랐다. 어려운 길이지만 꾸준히 상위권 성적을 유지하는 은설이라면 충분히 도전해볼 만했다. 하지만 은설이는 무대 위와 카메라 앞에서 다양한 역할을 연기하며 사람들에게 감동을 주고 싶다는 꿈을 포기하기 어려웠다. 특별히 뛰어난 재능이 있지는 않지만 시간이 지난 뒤 후회하지 않도록 최선을 다해 도전해보고 싶었다. 그런 은설이에게 "현실을 봐."라는 부모님의 말씀은 가슴을 콕콕 찌르는 가시처럼 아프게만 느껴졌다.

자신의 꿈과 부모님의 기대 사이에서 점점 확신을 잃어 가고 있는 은설이는 요즘 공부도, 꿈을 좇는 일에도 온전히 집중할 수 없었다. 쉴 없이 이어지는 수업과 숙제 속에서 자신감도 날마다 떨어졌다. 꿈과 현실 중 한 가지를 선택해야 한다는 부모님의 이야기는 은설이를 힘들게 했다. 하지만 은설이는 여전히 두 마리 토끼를 모두 잡을 수 있는 똑똑한 방법을 찾고 싶었다.

자기 이해를 통해 진로 선택의 이유를 찾자!

진로 선택에서 가장 먼저 해야 하는 것은 자기 자신을 이해하는 일이다. 왜 이 길을 가고 싶은지, 무엇이 나를 이끄는지 분명하게 아는 것이 중요하다. 은설이의 상담은 배우가 되고 싶은 이유를 명확히 하는 데서부터 시작됐다.

은설이는 초등학교 5학년 때 학예회 연극에서 주인공을 맡았던 경험을 떠올렸다. 무대에 올랐을 때의 두근거림, 조명 아래서 느꼈던 설렘, 관객들의 박수와 환호에 피어오르던 자부심을 생생하게 기억하고 있었다. 은설이는 그때 처음 연기를 통해 사람들의 마음을 움직이고 싶다는 진심 어린 바람을 갖게 되었다. 은설이가 소중히 여기는 가치는 '타인에게 긍정적인 영향을 주고 싶다'는 마음이었고, 이것이 배우라는 꿈의 동력이었다.

게다가 소극적인 성격 탓에 평소 감정 표현이 서툴렀던 은설이에게 무대는 하나의 돌파구가 되어주기도 했다. 무대에 서자 오히려 긴장이 풀어졌고, 감정을 자연스럽게 표현할 수 있었다. 현실의 '나'의 모습에서 벗어나, 다른 사람이 되었기 때문이다. 이와 같은 몰입의 경험은 은설이에게 활력과 자신감을 되찾아주었다.

태연쌤의 진로 코멘트 그동안의 경험과 당시에 느낀 감정을 되짚어보며, 그 일을 하고 싶은 이유를 세 가지 적어봐. 자기 이해는 막연한 꿈을 구체적인 진로 계획으로 바꾸는 출발점이야.

부모님의 입장을 공감하고 대안을 제시하자!

진로를 정할 때 무엇보다 중요한 것은 나의 마음이지만, 나를 잘 아는 주변 사람들의 의견에도 귀를 기울여야 한다. 이때 오랜 시간 나를 가장 가까이서 지켜본 부모님과의 대화는 특히 중요하다. 부모님의 직업적 가치관이 나와 다르다고 해서 부정적으로만 받아들일 게 아니라, 그 입장에 공감하며 대안을 찾기 위해 노력해야 한다.

은설이의 부모님이 배우의 꿈을 반대하는 이유는 불확실한 미래에 대한 걱정과 학업 소홀에 대한 우려 때문이다. 배우라는 꿈은 이루기도 어렵지만, 오랜 노력 끝에 꿈을 이루었다고 해도 안정적인 활동이 보장되지 않을 수 있다. 그래서 부모님 입장에서는 은설이의 꿈을 마냥 응원하며, 그 준비에 매진하도록 내버려둘 수 없는 노릇이다.

은설이도 그런 부모님의 마음을 모르지 않았다. 그래서 감정적으로 맞서기보다는 충분한 대화를 통해 양쪽 모두 만족할 수 있는 결정을 내리고자 했다. 부모님과 마주 앉은 은설이는 자신의 꿈에 대한 진실된 마음을 내비치며 구체적인 계획을 함께 제시했다.

"배우라는 직업을 선택하지 않더라도 무대 활동은 꼭 해볼래요. 이 길이 저에게 맞는지 확인해보고 싶어요. 대신 성적이 떨어지지 않도록 공부도 열심히 할게요."

그러자 부모님도 한 발 물러나 은설이의 계획을 받아들였다. 꿈과 현실 사이의 타협점을 찾은 셈이다. 이처럼 대화를 통해 서로의 기대와 걱정을 나누면, 진로를 둘러싼 갈등을 대립이 아닌 협력으로 바꿀 수 있다. 또한 부모님의 조언을 통해 현실적 기반을 다지고 꿈을 구체화할 수 있다.

태연쌤의 진로 코멘트 부모님이 너의 진로 선택을 걱정하거나 반대하는 이유는 뭘까? 생각의 차이에 대한 해결 방안을 고민해봐. 생각한 내용을 바탕으로 부모님과 대화를 나누면 앞으로 나아갈 방향을 정하는 데 많은 도움이 될 거야.

행동으로 자기 확신과 신뢰를 키우자!

자기 확신을 가지려면 말보다 행동이 중요하다. 진로를 확정하기 전에 무대 활동을 통해 경험을 쌓겠다고 다짐한 은설이는 연극 동아리에 들어가 무대에 설 기회를 얻었다. 부원들과 함께 연습하는 과정을 영상으로 기록하고, 그때 느낀 감정을 글로 남기며 자신을 돌아봤다. 활동이 끝난 후에는 연기를 하며 진심으로 즐거웠던 순간이 언제였는지, 이 경험을 통해 무엇을 얻었는지 등을 스스로 질문했다.

이러한 실천과 반복적 성찰은 꿈에 대한 확신과 자신감을 길러주었다. 이제 은설이는 부모님에게 "배우가 되고 싶어요."라고 말하지 않는다. **대신 꿈을 이루기 위해 어떤 활동을 하고 있고, 그 활동이 자신에게 어떤 의미가 있는지 구체적으로 설명한다.** 달라진 은설이의 태도는 자기 확신을 키울 뿐만 아니라 부모님의 신뢰를 얻는 데도 큰 역할을 했다.

태연쌤의 진로 코멘트 부모님과 직업적 가치관이 달라 갈등을 겪을 때는 말이 아니라 행동으로 설득하는 게 좋아. 부모님의 신뢰를 얻는 데 도움이 될 뿐만 아니라 실천 과정의 경험을 통해 자기 확신을 얻고 한층 더 성장할 수 있어.

은설이는 배우의 꿈을 포기하지 않았다. 하지만 접근 방식이 완전히 달라졌다. 그 시작은 무대에 서고 싶은 진짜 이유를 발견하고, 부모님의 우려를 이해하는 것이었다. 직접 설정한 단계적 계획을 바탕으로 무대 경험을 쌓을 때마다 은설이는 "내가 진짜 원하는 게 이거구나!" 하는 확신을 얻는다. 달라진 은설이의 모습에 부모님도 마음을 열었다. 한번은 은설이의 공연을 보고 "무대 위에 있을 때 정말 행복해 보인다."라고 이야기했다. 그런 부모님의 말은 은설이에게 큰 용기를 주었다. 상담 과정을 통해 은설이는 꿈과 현실을 함께 충족시킬 수 있다는 것을 배웠다.

"내가 배우가 되고 싶은 이유는
무대 위에서 진짜 나다워질 수 있다고
느끼기 때문이구나!"

1. 다른 사람들 앞에서 나를 표현할 때 가장 자신 있는 순간은 언제일까?

2. "네 꿈은 위험해"라는 말을 들으면 어떤 생각이 들까?

3. 다른 사람에게 용기를 줄 수 있는 나의 이야기를 한 가지 써보자.

4. 가장 나다운 모습으로 빛날 수 있는 순간은 언제일까?

내 꿈은 공부와 관련 없어요

저는 중학교 2학년 현우예요. 저는 어릴 때부터 게임을 정말 좋아했어요. 그래서 게임 개발자가 되는 게 꿈이에요. 꿈을 이루기 위해 유튜브에서 게임을 만드는 영상을 찾아보고, 온라인 강의를 들으며 코딩을 배우고 있어요. 강의에서 배운 내용을 활용해 직접 간단한 프로그램을 만들어봤는데 정말 재미있더라고요. 하루 종일 이런 일들만 하고 싶을 정도로요.

하지만 그럴 수 없지요. 날마다 학교에 가서 국어, 수학, 영어, 사회, 과학 등 온갖 과목을 공부해야 하니까요. 솔직히 말해서 그런 것을 왜 배워야 하는지 모르겠어요. 게임 개발자가 되는 데 불필요한 공부인 것 같아요. 게임을 개발할 때 조선 후기 역사가 어떤 도움이 되나요? 시 해석하는 것을 왜 배워야 하지요? 그럴 시간에 프로그래밍을 더 깊이 있게 공부하는 게 훨씬 도움이 될 것 같아요.

이런 생각을 부모님께 말씀드렸더니 "뭐든지 기본기부터 탄탄히 다져야 한다."라고 말씀하세요. 제 생각에는 프로그래밍의 기본기는 코딩 같은데, 왜 내 꿈과 상관없는 공부에 시간과 노력을 쏟아야 하는지 이해할 수 없어요. 이런 생각을 하다 보니 성적도 많이 떨어졌어요. 당연한 일이에요. 관심이 없으니 의욕도 생기지 않고 통 집중할 수가 없어요. 게임 개발자가 되려면, 정말 지금 학교에서 배우는 과목을 모두 공부해야 하나요? 이 공부가 제 꿈을 이루는 데 도움이 될까요?

현우 어머니는 학원 선생님의 권유로 진로 상담을 신청했다. 최근 현우가 부쩍 공부를 힘들어하기 때문이다. 어머니의 등쌀에 못 이겨 상담에 참여하게 된 현우는 내키지 않아 하면서도 자신의 고민을 털어놓았다.

현우는 프로그래밍을 공부해 게임 개발자가 되고 싶어 했다. 그런데 부모님과 선생님은 학교 공부가 먼저라며 우선 국어, 수학, 영어, 사회, 과학 같은 교과에 집중하는 게 좋겠다고 한다는 것이다. 현우는 개발자가 되는 데 그런 공부가 왜 필요한지 모르겠다며 불만을 토로했다. 기본기를 다져야 한다면 차라리 그 시간에 코딩을 공부하는 것이 현명할 것 같다고 덧붙였다. 원하지 않는 공부를 하다

보니 의욕도 생기지 않아 성적이 많이 떨어졌는데, 그 때문에 부모님과의 갈등도 깊어졌다고 했다.

"게임 개발자는 정말 개발만 할 줄 알면 된다고 생각해? 다른 역량은 필요하지 않을까?"

그렇게 묻자 조금 전까지 답답함을 표출하던 현우는 입을 다물었다. 그 상태로 한참을 고민했지만 끝내 마땅한 대답을 내놓지 못했다.

상담이 끝난 후에도 그 질문은 현우를 놓아주지 않았다. 집에 돌아온 현우는 궁금증을 참지 못하고 '게임 개발자 필수 역량'을 검색하기 시작했다. 검색 결과는 예상 밖이었다. 게임 개발자가 되려면 프로그래밍 언어뿐만 아니라 수학과 물리 지식, 그리고 업계 트렌드를 파악하는 능력까지 필요하다는 것이었다. 이 모든 것의 기초가 바로 교과 공부라는 사실을 깨달은 현우는 그제야 부모님과 선생님이 강조하던 '기본기'의 의미를 이해하게 되었다.

내 꿈과 교과의 연결고리를 찾자!

공부는 원래 힘들다. 필요성을 느끼고 스스로 공부하고자 마음먹었을 때도 마찬가지다. 불필요하다고 생각하는 공부를 억지로 해야 할 때는 난이도가 배가 된다. 이런 경우 공부를 시작하기 쉽지 않고, 시작한 뒤에도 집중하지 못해 효율이 떨어지는 경우가 태반이다. 그런 상태로 몇 시간씩 책상 앞에 앉아 시간을 보내는 것은 아무런 의미가 없다.

그럴 때는 공부해야 하는 이유를 찾아 동기부여로 삼는 것이 도움이 된다. **가장 효과적인 방법은 내가 이루고자 하는 목표와 공부의 연결고리를 찾는 것이다.** 현우는 게임 개발자라는 직업에 대해 자세히 조사한 뒤, 학교에서 배우는 교과가 꿈을 이루는 데 어떻게 도움이 되는지 찾기 시작했다.

게임 개발자가 되려면 먼저 수학과 물리학 지식을 탄탄히 다져야 한다. 게임 캐릭터의 움직임을 만들고 그래픽을 구현하기 위한 필수적인 공부인 셈이다. 또한 3D 게임의 수요가 높아지고 있는 요즘은 창의력이 기술적인 능력만큼이나 중요하다. 창의력이라고 하면 흔히 새로운 것을 만들어 내는 능력이라고만 생각하지만, 이 또한 폭넓은 배경지식이 뒷받침되어야 한다. 이때 국어와 사회, 역사 등의 내용을 꼼꼼히 공부하면 다양한 배경지식을 쌓을 수 있다.

학교 공부가 게임 개발과 관련이 있다는 사실을 깨닫자 현우의 수업 태도가 전과는 확연히 달라졌다. 수업에 더 적극적으로 참여할 뿐만 아니라, 학습한 내용을 게임에 적용할 수 있는 방법을 연구하기 시작했다.

태연쌤의 진로 코멘트 학교에서 하는 공부가 진로와 직접적인 연관이 없는 것처럼 보이지만, 알고 보면 그렇지 않아. 너의 꿈과 교과 사이의 연결고리를 찾아 필수 역량을 키워봐.

실전 경험을 쌓으며 포트폴리오를 만들자!

진로를 준비하는 데 있어서 이론만큼이나 중요한 것이 실전 경험이다. 특히 개발자가 되기 위해서는 통일성 있는 풍부한 포트폴리오가 필수적이다. 일찍이 진로를 결정했다면, 지금부터 기술적 능력과 창의성을 보여줄 수 있는 포트폴리오를 준비하는 것이 좋다. 이렇게 구성한 포트폴리오는 후에 대학 입시를 준비하는 과정에서도 유용하게 활용할 수 있다.

현우는 포트폴리오에 활용할 수 있는 실전 경험을 쌓기 위해 매일 한 시간씩 시간을 정해 간단한 게임을 만들었다. 제작 과정과 그것을 통해 배운 점을 기록한 '게임 개발 일지'를 작성하기도 했다. 처음에는 교재와 인터넷 강의를 주로 활용하던 현우는 시간이 지날수록 전문가에게 제대로 배우고 싶다는 생각이 들었다. 그래서 부모님과 상의 후 게임 개발을 전문적으로 공부할 수 있는 학원에 등록하기로 했다. 이제 현우는 평일에는 학업에 열중하고 주말에는 학원에서 코딩과 프로그래밍을 공부하며 경험의 폭을 넓히고 있다.

진로와 관련된 활동을 할 때는 그 과정을 최대한 상세하게 기록하는 습관을 길러봐. 기록은 생활기록부를 다채롭게 만들고, 자기소개서에도 활용할 수 있어 대학 입시를 준비하는 데 많은 도움이 될 거야.

폭넓은 공부로 선택의 범위를 넓히자!

한 번 정한 꿈을 바꾸지 않고 끝까지 나아가는 경우도 있지만, 그렇지 않은 경우도 많다. 갑작스레 다른 분야에 흥미를 느끼게 될 수도 있고, 현실적 제약에 부딪혀 다른 대안을 모색해야 할 수도 있다. 이런 일은 청소년기에도 빈번하게 발생하지만, 성인이 되어 직업 활동을 이어가는 중에도 얼마든지 일어날 수 있다. 이때 학교 공부를 통해 다양한 분야를 접한 경험이 있다면, 새로운 길을 찾을 때 보다 자유로운 선택이 가능하다.

현우는 오랜 시간 게임 개발자의 꿈을 간직해 왔고, 지금은 그 꿈을 이루기 위해 날마다 노력하고 있다. 하지만 앞으로 수많은 경험을 쌓는 과정에서 가치관의 변화가 일어날 수 있고, 진로 선택 또한 달라질 수 있다. 게임 개발자 대신 그래픽 디자이너나 게임 테스터 같은 직무를 선택할 수도 있고, 게임과 관련 없는 분야에 도전하게 될지도 모른다. 그럴 때 교과 공부를 소홀히 한 탓에 기본 소양이 부족하다면 선택지가 대폭 줄어든다.

현우는 평소 개발자 외에도 게임 제작과 관련된 여러 직업에 관심이 있었다. 이번 상담으로 말미암아 현우는 자신이 선택한 진로에 대한 강한 확신을 잠시 접어두고, 이성적인 시각으로 현실을 바라보기 시작했다.

태연쌤의 진로 코멘트 기본 소양을 쌓는 것은 실패를 대비하는 일이 아니라 수많은 가능성을 열어두는 일이야. 기본기를 탄탄히 다져 놓으면 어떤 점이 좋을지 구체적으로 생각해봐.

현우는 여전히 게임 개발자를 꿈꾸고 있다. 코딩에 대한 열정도 그대로다. 하지만 더 이상 교과 공부를 '불필요한 공부'라고 생각하지 않는다. 교과 공부와 꿈의 연결고리를 발견함으로써, 그것이 꿈을 이루기 위한 첫 번째 단추라는 것을 알게 되었기 때문이다. 현우는 이 첫 번째 단추를 제대로 끼우고 싶은 마음이 들었다.

이제 현우는 수업에 적극적으로 참여하고, 특히 게임 개발자로서

업무를 수행하는 데 직접적으로 도움이 되는 수학과 물리학은 심화 학습까지 병행한다. 다른 과목을 공부할 때도 '이건 시나리오를 짜는 데 활용할 수 있겠는데?' 하며 메모하기 바쁘다. 그렇게 현우는 꿈으로 이어지는 길을 스스로 넓히고 있다.

"세상에 쓸모없는 공부는 없었어.
끊임없는 배움은 나를 더 넓은 길로 이끌어줄 거야."

1. 내가 정말 신나게 할 수 있는 일은 무엇일까?

2. 부모님께 내 진심을 어떻게 보여드릴 수 있을까?

3. 지금 배우는 것 중에서 내 관심사와 연결되는 건 없을까?

4. 내 꿈을 향한 오늘의 첫걸음은 무엇일까?

하고 싶은 일이 있는데, 성적이 안 따라줘요

저는 고등학교 1학년 수진이에요. 어릴 때부터 간호사가 되는 게 꿈이었어요. 할머니가 병원에 입원하셨을 때 간호사 선생님이 친절하게 돌봐주시는 걸 보고 꿈을 키우게 되었어요. 저도 사람들의 아픔을 덜어주고 생명을 구하는 일을 하고 싶어요.

그런데 문제가 생겼어요. 간호학과에 가려면 주요 과목에서 일정 수준 이상의 성취도를 유지해야 하는데, 제 성적은 거기에 훨씬 못 미쳐요. 그중에서도 수학과 과학이 특히 부족해요. 부족한 점을 채우기 위해 매일 밤늦게까지 공부해도 도통 성적이 오르지 않아요.

얼마 전 대학 진학 상담을 했을 때 담임 선생님께서 "이 성적으로는 간호학과 지원이 어려울 것 같다"고 하셨어요. 남은 2년 동안 성적을 끌어올리거나, 다른 학과를 선택해야 한다고 하셨지요. 그 이야기를 부모님께 전하자 "현실적으로 가능한 다른 전공을 알아봐."라고 말씀하세요. 선생님도 부모님도 현실적인 대안이 필요하다는 생각에 그런 조언을 해주셨다는 걸 알지만, 한편으로는 다들 제가 간호사가 될 수 없을 거라고 생각하는 것 같아서 속상해요.

아직 진로와 입시에 대해 깊게 생각해보지 않은 친구들은 "그냥 성적에 맞춰서 가면 되는 거 아니야?"라고 쉽게 이야기하지만, 저는 그럴 수가 없어요. 어렵다는 이야기를 들어도 포기하고 싶은 마음이 들기는커녕 간호사라는 꿈이 더 간절해지기만 해요. 하지만 성적을 생각하면 '분수에 맞지 않는 큰 꿈을 꾼 것일까?' 하는 생각에 자신감이 떨어져요. 이대로 성적 때문에 꿈을 포기해야 할까요? 정말 다른 방법은 없을까요?

수진이는 최근 들어 극심한 성적 스트레스에 시달리고 있었다. 간호사라는 확고한 꿈을 가지고 있지만 성적이 뒷받침되지 않아 꿈에 다가가기 어려운 상황이었다. 공부 시간을 늘리고 학원을 바꿔보아도 성적이 오를 기미가 보이지 않자 수진이는 갈수록 자신감이 떨어졌다.

약속된 시간보다 일찍 상담실에 도착한 수진이는 막간을 이용해 과학 문제집을 풀고 있었다. 채점할 때 보니 맞는 문제와 틀린 문제의 비율이 엇비슷했다. 채점 결과를 보고 수진이는 작게 한숨을 내쉬었다. 상담이 시작된 후에는 성적표를 꺼내놓으며 눈물을 보이기까지 했다. 수진이는 중위권 성적을 유지하고 있었지만 간호학과에 지원하기에는 턱없이 부족했고, 이과 계열 과목인 수학과 과학의 성적은 특히 더 낮았다.

수진이는 초등학교 6학년 때 병원에 입원한 할머니를 정성껏 살펴주었던 간호사를 보고 꿈을 키우게 됐다고 했다. 자신도 아픈 사람들을 가까이에서 돕고 싶다는 것이었다. 꿈에 대해 이야기하는 수진이에게 지금도 그 마음이 변함없는지 묻자 오히려 더 확실해졌다고 대답했다. 하지만 부족한 성적 때문에 주변에서 계속 걱정 어린 시선으로 바라보니, 자신의 선택이 틀렸을지도 모른다는 생각에 흔들리기도 했다.

"수진아, 편입이라는 제도에 대해 알고 있니? 한 학교에서 공부하다가 시험을 쳐서 다른 학교로 옮기는 거야. 처음부터 간호학과에 입학하지 않은 사람도 간호학을 공부할 수 있도록 말이야."

그 말에 수진이의 눈이 번쩍 뜨였다. 편입 제도를 알고 있긴 했지만, 자신의 진로 계획에 적용할 생각은 해보지 못한 것이다. 수진이는 그 자리에서 바로 휴대폰을 꺼내 간호학과 편입에 대해 알아보기 시작했고, 동일 계열 전공이 아니더라도 편입에 도전할 수 있다는 사실을 알게 됐다.

수진이처럼 진로에 대한 확신은 있지만 성적이 뒷받침되지 않아 고민인 학생들이 많다. 그들이 한 가지 명심해야 할 점은 '꿈으로 향하는 길은 하나가 아니'라는 것이다. 그러니 무작정 높은 성적을 받기 위해 고군분투하기보다는 직무 수행에 필요한 일정한 자격을 갖추는 일에 집중하는 것이 좋다.

자기 이해를 통해 진짜 가치를 되찾자!

성적에 매몰되어 자신이 추구하는 진짜 가치를 잃어버렸을 때 가장 필요한 것은 자기 자신에 대한 깊은 이해다. 고등학교에 입학해 본격적인 입시 경쟁에 뛰어든 수진이는 성적을 우선시하는 주변의 분위기에 휩쓸려 자신의 궁극적인 목표를 잊고 말았다. 수진이가 원하는 것은 '전문적인 지식으로 아픈 사람을 정성껏 돌보는 것'이지 '높은 성적을 유지하는 것'이 아니었다.

상담을 통해 할머니를 돌보던 간호사의 모습을 다시금 떠올린 수진이는 '좋은 성적'은 목표가 아니라 수단이라는 것을 깨달았다. 물론 사람의 생명을 다루는 일인 만큼 그에 알맞은 자격을 필수적으로 갖춰야 하지만, 그보다 먼저 생각해야 할 것은 생명에 대한 존중과 타인을 돌보는 마음이라는 것도 알게 되었다. 자기 자신과 꿈에 대한 이해를 통해, 성적표에는 나타나지 않는 '진짜 가치'를 떠올린 것이다.

다양한 가능성을 찾아 나서자!

확고한 꿈이 있는데 성적 부족이라는 현실적인 벽에 가로막혔다면 다른 경로를 찾으면 된다. 목표 지점을 바꾸라는 이야기가 아니다. 말 그대로 목표로 향하는 '다른 길'을 찾는 것이다.

간호사가 되기 위해 반드시 이수해야 하는 교육 과정이 있다. 하지만 처음부터 4년제 대학의 간호학과에 입학해야 해당 과정을 이수할 수 있는 것은 아니다. 수진이가 조사한 바에 따르면 전문대학을 졸업한 뒤에도 국가고시에 응시해 간호사 면허를 취득할 수 있다. 또한 편입 제도와 학점은행제를 이용할 수도 있었다. 조사 과정에서 수진이는 이와 같은 방법으로 자격을 갖춰 실제 의료 현장에서 일하는 간호사가 많다는 사실도 알게 되었다.

이렇게 조사한 내용을 부모님과 공유하자, 부모님도 수진이의 진심을 알아보고 간호사의 꿈을 응원하기 시작했다. 나아가 꿈을 이룰 방법을 함께 찾아보자고 말하기도 했다. 면담을 통해 이야기를 들은 담임 선생님도 수진이가 성적을 올릴 수 있도록 많은 도움을 주었다. 꿈에 대한 수진이의 열정과 그것을 뒷받침하는 실행력이 주변 사람들의 마음까지 움직인 것이다.

태연쌤의 진로 코멘트 꿈을 실현할 여러 가지 방법을 찾아보고, 너의 상황에 가장 알맞은 방법이 무엇인지 확인해봐. 처음 계획이 틀어질 가능성을 염두에 두고 다른 대안을 준비하는 것도 좋아.

구체적인 학습 목표를 설정하자!

공부할 때 가장 중요한 것은 세분화된 학습 목표를 설정하는 것이다. 막연하게 수학과 과학 성적을 올려야 한다는 생각으로 공부에 임하기보다는, 어떤 부분을 얼마만큼의 시간을 들여 어떤 방식으로 공부할 것인지 정해야 한다.

이때 주의할 점은 달성 가능한 수준의 목표를 설정하는 것이다. 매일 영어 단어 200개 외우기, 수학 문제집 30장 풀기와 같이 터무

니없고 막연한 계획은 실천 가능성이 낮아 학습 효과가 떨어지며 의욕 또한 감소시킬 수 있다. 그러니 자신의 상황과 학습 능력에 맞는 계획을 세워 성취도를 높이고, 효율적인 공부 습관을 구축해야 한다.

이를테면 수학과 과학이 특히 부족한 수진이의 경우에는 '이차함수 그래프 문제 10개 풀기', '생명과학 유전자 정보 흐름 그림으로 정리하기' 같은 계획을 세울 수 있다. 이런 작은 계획을 만들어 그날 목표한 만큼 실천하면, 달성 여부와 성취도를 쉽게 확인할 수 있고 공부 자신감도 키울 수 있다.

태연쌤의 진로 코멘트 스스로 공부 계획을 세우고 실천하는 것이 어렵다면, 주변 사람들의 도움을 받아보는 것도 좋아. 비슷한 고민이 있는 친구와 함께 스터디를 하거나 선생님에게 조언을 구할 수도 있어. 또한 스터디 플래너를 활용하는 것도 도움이 될 거야!

수진이가 직면한 어려움은 단순히 성적 문제가 아니었다. 그것은 현실의 벽 앞에서도 자신의 가치를 잃지 않고, 다양한 가능성을 열어두고 꾸준히 노력하는 방법을 배우는 일이었다. 상담을 통해 수진이는 진로 문제를 헤쳐 나가는 방법뿐 아니라, 어려움에 대처하는 태도까지 익힐 수 있었다. 수진이는 아직 간호학과 입시에 대한 걱정과 부담감을 내려놓지 못했지만, 막막함에서는 벗어났다. 지금은 자신이 추구하는 진짜 가치를 지키며 당장 할 수 있는 일을 하는 데 집중하고 있다. 이런 노력이 쌓일수록 어떤 어려움이 닥쳐도 자신만의 길을 찾아낼 수 있는 힘이 자라난다.

"성적이 뒤따르지 않는다고 해서 좌절할 필요 없어.
돌아가는 길을 찾는 과정에서
새로운 돌파구를 찾을 수도 있으니까!"

1. 현실의 벽에 부딪혀 포기하고 싶은 마음과 꿈을 지키고 싶은 마음 중 어느 쪽이 더 클까?

2. 꿈을 이루는 다른 방법은 무엇이 있을까?

3. 오늘 내가 할 수 있는 작은 실천은 무엇일까?

교내 활동이 공부에 방해돼요

저는 고등학교 2학년 준석이에요. 요즘 공부에 집중할 수가 없어서 고민이에요. 학교에서 요구하는 활동이 너무 많거든요.

여러 과목의 수행평가가 겹칠 때가 많은데, 점수에 반영되기 때문에 대충 해치울 수도 없어요. 그중에서 가장 싫은 것은 모둠 활동이에요. 5명이 한 팀인데 발표 자료도 저 혼자 만들고 발표도 제가 해요. 역할 분담을 하려고 해도 다른 친구들이 "네가 잘하니까."라며 저에게 떠넘기곤 해요. 제가 전부 도맡아 하다 보니 밤늦게까지 준비할 때가 많아요. 그러면 다음날 수업 시간에 졸아서 진도를 놓치지요. 말 그대로 악순환이에요.

또 때마다 행사는 얼마나 많은데요. 체육 대회나 합창 대회 같은 행사를 준비하다 보면 공부할 시간이 줄어들어요. 심지어 그런 행사는 학교 일과를 마친 뒤에 남아서 준비하기까지 해요. 그것 때문에 학원과 과외 수업을 취소한 적도 많아요.

이런 활동이 입시에 얼마나 도움이 되는지 모르겠어요. 차라리 그 시간에 문제집을 한 권 더 푸는 게 낫지 않나요? 내년부터 본격적으로 입시가 시작되는데, 이런 중요한 시기에 그런 일로 시간을 낭비하는 것 같아 기분이 안 좋아요. 특히나 저는 의대 진학을 목표로 하고 있어서 성적 향상에 도움이 되는 공부에만 집중하고 싶어요. 그렇게 생각하다 보니 요즘은 자퇴하고 검정고시와 수능으로 대학에 가는 게 나을지도 모르겠다는 마음까지 들어요. 이런 생각을 하는 제가 이상한 걸까요?

담임 선생님의 권유로 상담실을 찾은 준석이는 최근 들어 학교생활에 대한 불만이 극에 달했다. 첫 상담에 준석이가 가지고 온 것은 과제 목록이 빽빽하게 적힌 종이였다. 마치 그 종이가 준석이의 불만을 대변하는 듯했다.

준석이는 학교에서 요구하는 다양한 활동이 공부에 방해가 되어 힘들다고 말했다. 지난 일주일 동안에만 해도 수행평가 3개와 모둠 발표, 거기다 개별 과제까지 있어 눈코 뜰 새 없이 바쁜 시간을 보냈다고 했다. 정작 자신이 하고 싶은 공부는 손도 대지 못했다고 말하는 준석이의 얼굴에는 그늘이 드리워져 있었다.

"모둠 과제가 제일 스트레스예요. 준비부터 발표까지 제가 다 해야 하는데 그러면 다른 공부를 할 시간이 없어요. 그렇다고 손을 놓아버리면 점수가 깎여요. 어떻게 해야 좋을지 모르겠어요."

불만을 이야기하는 준석이에게 이런 활동이 아무런 의미가 없다고 생각하는지 묻자, 그건 아니라는 대답이 돌아왔다. 다만 당장 눈앞의 입시에는 별로 도움이 되지 않는 것 같다고 이야기했다. 그런데 성적에 반영되기까지 하니 더 죽을 노릇이었다.

"혹시 '완벽하게 해야 한다'라는 마음 때문에 부담을 느껴 더 힘든 것은 아닐까? 꼭 완벽하게 해내야 할까?"

준석이가 멈칫하더니 당연한 것을 묻는다는 듯한 표정을 지었다. 수행평가 점수는 성적에 반영되고, 그 성적은 입시에 지대한 영향을 미치는데 완벽하게 해내지 않는 게 오히려 더 이상하다는 것이다. 준석이는 그렇게 말한 뒤 생각에 잠겼다. 이제까지 자신이 무엇인가 잘못 생각하고 있었던 것은 아닐까 고민하기 시작했다.

준석이처럼 입시 공부와 교내 활동 사이에서 고민하는 청소년들에게는 특별한 발견이 기다리고 있다. 대척점에 놓여 있다고 생각했던 두 가치가 사실은 하나의 목표를 향하고 있음을 깨닫게 되는 순간 놀라운 변화가 시작된다.

결과보다 경험에 집중하자!

준석이는 어려서부터 한 가지를 깊이 있게 파고드는 것을 좋아했다. 공부할 때도 마찬가지였다. 단순히 점수를 위해 암기하는 것이 아니라 '왜 이런 결과가 나올까?', '이 공식은 어떻게 응용할 수 있을까?' 하는 식의 질문을 끊임없이 던지고 답을 찾아가는 과정을 즐겼다. 준석이 스스로도 자신은 탐구를 좋아하는 아이였다고 말할 정도였다.

그래서인지 이것저것 동시에 해야 하는 환경에 놓이면 쉽게 스트레스를 받곤 했다. 그 모든 것이 점수로 환산되어 눈앞에 놓이는 입시 과정에서는 더 큰 압박감을 느꼈다. 어느 순간부터는 모든 교내 활동이 공부를 방해하는 요소처럼 느껴졌고, 새로운 것을 발견하고 알아가는 즐거움을 느끼기보다는 높은 점수를 받는 방법만 고민하기 시작했다.

"그동안은 어떻게 하면 좋은 점수를 받을 수 있을지만 생각했어요. 그런데 이제 보니 하나의 주제를 자세히 공부할 수 있는 기회였던 것 같아요."

준석이는 그동안 수행평가나 모둠 활동을 하며 자신이 놓친 것에 대해 생각했고, 이내 '진짜 이해'와 '활용'의 경험을 모두 놓치고 있었다는 것을 깨달았다. 준석이가 공부할 때 진정으로 중요하게 생각하는 가치들을 말이다.

적절한 역할 분담으로 균형을 잡자!

모둠 활동의 핵심은 '분업'이다. 주어진 과제를 해결하기 위한 역할을 적절히 분담하는 것이 중요하다. 아무리 좋은 결과를 냈다고 하더라도 분업이 제대로 이루어지지 않았다면 의미가 없다.

학교에서 모둠 활동을 하는 이유는 그저 결과와 학습 역량을 평가하기 위해서가 아니다. 학교라는 작은 사회 안에서 서로 더불어 지내며 자연스럽게 협동심과 책임감을 기를 수 있도록 돕는 것이다. 그러므로 한 사람이 여러 가지를 잘한다고 해서 모든 역할을 맡는 식의 역할 분담은 옳지 않다.

준석이는 다음 모둠 활동에서 행동의 변화를 보였다. 평소처럼 "네가 잘하잖아."라는 친구의 말에 순응하지 않고 각각의 조원이 잘

할 수 있는 일을 찾아 분배한 것이다. 컴퓨터 활용 능력 자격증이 있는 친구에게는 자료 만들기를, 입담이 좋고 순발력이 좋은 친구에게는 발표를 제안했다. 자신은 자료 조사와 정리를 맡았다. 그러자 전처럼 밤을 지새우지 않고도 과제를 마칠 수 있었고, 다음날 수업에도 지장을 주지 않게 되었다. 과제의 효율과 모둠 구성원의 성장을 모두 챙긴 셈이다.

태연쌤의 진로 코멘트 역할을 분담할 때 친구들이 적극적으로 참여하지 않는다면 먼저 나서서 의견을 내면 어떨까? 친구들의 성향과 특성에 맞는 역할을 제안하면 쉽게 받아들일 수 있을 거야.

공부와 활동을 모두 잡는 루틴을 만들자!

해야 할 일이 많을 때일수록 일정 관리와 시간 안배가 중요하다. 모든 것을 똑같이 완벽한 수준으로 해내겠다는 마음으로 무작정 뛰어들었다가는 낭패를 볼 수 있기 때문이다.

먼저, 우선순위를 정하고 각각의 일에 사용할 수 있는 시간을 분배하는 것에서부터 시작하자. 이때 중요한 것은 정한 시간을 반드시 지키는 것이다. 조금만 더 하면 더 좋은 결과를 낼 수 있을 것 같다는 생각에 사로잡혀 지정한 제한 시간을 어기지 않도록 주의해야 한다. 만약 시간 안에 해결하지 못한 부분이 있다면 과감히 포기하고 다음 일로 넘어간다. 8시부터 10시까지 수행평가를 준비하고 이후부터 그날의 수업 내용을 복습하기로 했다면, 그 계획을 철저히 따르는 것이다.

처음에는 계획한 만큼 끝마치지 못하고 중단했다는 생각에 미련이 남고 신경이 쓰이겠지만 이런 감각에 익숙해지려 노력해야 한다. 나아가 가능한 한 제한된 시간 안에 주어진 일을 마치려고 해야 한다. 이 과정을 반복적으로 수행하면 집중력과 효율을 높일 수 있다.

태연쌤의 진로 코멘트 책상 앞에 오래 앉아 있는다고 해서 공부를 잘하는 게 아닌 것처럼, 한 가지 일을 오래 붙잡고 있는다고 해서 좋은 결과가 나오지 않는다는 걸 기억해. 주어진 환경을 효과적으로 활용하는 게 진짜 실력이야.

이제 준석이는 입시 공부와 교내 활동을 대립된 요소로 보지 않는다. 발표 과제를 할 때는 '이 활동으로 무엇을 배울 수 있을지', '여기서 배운 내용을 어떻게 활용할 수 있을지'를 고민한다. 모둠 활동은 리더십과 협업 능력, 그리고 책임감을 배울 수 있는 소중한 기회로 여기게 되었다. 이제는 교내 활동을 방해 요소가 아니라 다른 방식의 공부라고 생각한다. 좋은 의사가 되기 위해 필요한 소통 능력이나 발표 능력 등을 배우는 과정으로 인식하며, 하나의 목표로 연결 지은 것이다. 준석이는 자신을 변화시킴으로써 이 모든 과정을 '성장을 위한 도구'로 만들었다.

"교내 활동과 입시 공부를 연결 지으면
나를 성장시키는 엄청난 시너지 효과를 내는구나!"

 내 마음 쓰기

1. 내가 정말 좋아하는 공부 방식은 어떤 것일까?

2. 지금 하는 교내 활동을 내 진로와 어떻게 연결해볼 수 있을까?

3. 입시 스트레스 때문에 놓치고 있는 배움의 즐거움은 없을까?

4. 오늘부터 교내 활동에 어떤 새로운 의미를 부여해볼까?

자율 전공을 선택하고 싶어요

저는 고등학교 2학년 태현이에요. 중학교 때부터 계속 진로 고민을 해 왔는데 아직 이렇다 할 답을 내리지 못했어요. 하지만 이제는 정말 정해야 할 때예요. 내년이면 고등학교 3학년이 되어 대학 원서를 쓰니까요.

중학생 때는 아직 시간이 충분하다는 생각에 결정을 미루기만 했어요. 고등학교에 가서 조금 더 공부하고 조사하면 자연스럽게 희망하는 진로를 알게 될 거라고 생각했거든요. 하지만 시간은 쏜살같이 흘렀고 저는 벌써 열여덟 살이 되었어요. 제 주변 친구들은 대부분 이미 진로와 전공을 정했는데, 저는 아직도 잘 모르겠어요. 이런 제 모습에 부모님도 슬슬 걱정이 되시는지 요즘 부쩍 진로에 대해 자주 물어보세요.

이제는 정말 한 가지를 정해야겠다는 생각에 어떤 전공이 있는지 살펴보다가 자율전공학부에 대해 알게 되었어요. 전공을 미리 정하지 않고 입학해 1년 동안 다양한 분야를 공부하다가 2학년이 되면 자신의 적성에 맞춰 전공을 선택하는 거예요. 이거라면 저처럼 아직 진로를 정하지 못한 학생도 부담 없이 대학에 진학할 수 있을 거예요.

그런데 부모님 생각은 다른가 봐요. 좋은 방법이라고 생각해서 부모님께 말씀드렸더니 조금 더 고민해보자고 하세요. 제 말을 듣고 자율전공학부에 대해 알아봤는데 꼭 좋은 점만 있는 것은 아니라고요. 진로 선택 시기를 늦출 수 있지만 그만큼 선택의 폭이 줄어들고, 성적순으로 희망 전공을 정하는 대학도 있어서 제가 원하는 공부를 하지 못할 수도 있다고 해요. 또 전문적인 공부가 필요한 의학 계열이나 예체능 계열은 아예 지원조차 할 수 없어서 입학 시험을 다시 치러야 한대요.

하지만 저는 하루 빨리 진로 문제를 해결하고 싶어요. 3학년이 되자마자 진학 상담을 하게 될 텐데 언제까지고 탐색만 할 수는 없잖아요. 무엇보다도 나에게 딱 알맞은 진로를 선택해야 한다는 부담감에서 벗어나고 싶어요. 어떻게 하면 좋을까요?

상담실을 찾은 태현이의 손에는 자율전공학부가 설치된 대학의 모집 요강이 잔뜩 들려 있었다. 최근 자율전공학부가 있다는 것을 알고 관심을 가지게 되어 자세히 알아보는 중이라고 했다.

다음 학기면 고등학교 3학년이 되는 태현이는 요즘 대학 진학 문제로 부모님과 갈등을 빚고 있었다. 다양한 활동을 통해 진로를 탐색했음에도 어떤 전공이 자신에게 맞는지 알 수 없어 고민이던 차에 태현이는 자율전공학부에 대해 알게 되었다. 태현이는 자신에게 딱 알맞은 시스템이라고 생각했고, 이 방법이라면 부모님의 근심도 덜 수 있을 것이라고 기대했다. 하지만 부모님의 반응은 예상 밖이었다. 원서 접수를 할 때까지 아직 시간이 있으니 좀 더 신중하게 결정하자는 것이다.

왜 그래야 하냐고 묻는 태현이에게 부모님은 자율전공학부의 단점을 늘어놓았다. 얼핏 보기에는 굉장히 편리하고 자유로운 시스템 같지만, 실상은 그렇지 않다는 것이다. 아버지는 전공 선택에도 크고 작은 제약이 따르고, 일찍이 전공을 선택한 사람들보다 일 년 늦게 전공 공부를 시작하는 만큼 학업 성취도 면에서도 뒤처질 가능성이 있다며 걱정했다. 그런 세세한 부분까지는 미처 생각하지 못한 태현이가 당혹스러운 표정을 지었다. 아버지는 그런 태현이에게 "그저 시간을 벌기 위한 선택이라면, 하지 않는 편이 낫겠구나."라고 말했다.

부모님과의 대화 이후 태현이는 다시 깊은 고민에 빠졌다. 자율전공학부에 진학하지 않는다면 어떤 선택을 해야 할지 머리가 복잡했다. 게다가 이번에는 이런 고민을 하는 자신이 한심하고 우유부단한 것 같다는 자책까지 더해졌다.

"확신이 없다고 해서 너에게 문제가 있는 것은 아니야. 오히려 신중하게 생각하고 있다는 뜻이지. 오래 고민한 만큼 소중한 가치를 얻게 될 거야."

태현이는 처음으로 마음이 가벼워졌다. 자신의 고민이 부족함의 증거가 아니라 성장의 과정임을 깨닫게 된 것이다. 태현이는 이제 조급함을 내려놓고 차근차근 자신만의 답을 찾아가기로 했다.

단점을 보완할 수 있는 전략을 세우자!

태현이의 부모님이 말하는 자율전공학부의 단점은 다음과 같다. 첫 번째로, 전공 선택의 폭이 좁아진다. 전문 지식을 요구하는 의학 계열이나 예체능 계열, 사범 계열은 애초에 선택지에 포함되지 않는 경우가 많다. 그 밖의 전공도 인기 분야에 사람이 몰리는 것을 방지하기 위해 성적순으로 선택의 기회를 주는 일이 허다하다. 두 번째로, 다른 사람들보다 일 년 늦게 전공 공부를 시작하는 만큼 학업 성취도가 떨어져 수업을 따라가기 어려울 수 있고, 학점 이수 문제로 졸업 시기에도 영향을 미칠 수 있다.

두 가지 모두 전공을 선택할 때 무시할 수 없는 중요한 지점이다. 하지만 체계적인 전략 설정으로 얼마든지 보완할 수 있다. 먼저 해당 대학에 지원하기 전에 모집 요강과 학사 운영실을 통해 학과별 선택 및 전과 가능 여부를 확인한다. 만약 불가능하다면, 이후 복수전공이나 부전공으로 학위를 취득할 수 있는지 알아보자. 학업 성취도에 대해서는 전공 기초 과목 수강과 계절 학기 활용으로 대처할 수 있다. 1학년 때 관심 있는 전공의 기초 과목을 수강하며 기본 소양을 두루 쌓고, 부족한 부분은 계절 학기를 이용하면 격차를 줄일 수 있을 것이다.

태연쌤의 진로 코멘트 대학에 입학한 이후의 학업 계획을 미리 세워봐. 학교 홈페이지에서 졸업 조건과 전공과목 정보를 확인하면 학교생활의 윤곽이 잡힐 거야.

소거법으로 선택지를 좁히자!

좋아하는 것이 무엇인지 잘 모르겠을 때는 싫어하는 것을 먼저 떠올려보면 도움이 된다. 진로를 정할 때도 마찬가지다. 하고 싶은 일이 무엇인지 모르겠다면, 하기 싫은 일에 대해 생각해보자. 그리고 그 일과 관련된 전공을 함께 지워나가는 것이다.

태현이는 남들 앞에 나서기를 어려워하는 아이였다. 어렸을 때부터 학예회 무대에 서는 것이나 발표 수업을 꺼렸다. 사람들이 자신에게 주목하기 시작하면 감당하기 어려운 부담감에 짓눌렸고, 그럴 때마다 평소라면 하지 않았을 실수를 하곤 했다. 또 운동 신경이 부족한 편이라 스포츠 활동을 즐기지 않았다. 직접 참여하는 것뿐만 아니라 경기를 보는 것에도 흥미가 없었다. 이런 성향을 가진 태현이는 연예인이나 교사처럼 많은 사람의 시선을 견뎌야 하는 직업에는 관심을 두지 않았다. 운동선수나 스포츠 경기를 운영하는 관련 직업도 마찬가지였다.

이렇게 하고 싶지 않은 직업을 하나씩 떠올리자 자연스럽게 전공 선택지도 줄어들었다. 태현이는 사범대와 교육학과, 연극영화과, 체육학과 등의 전공을 지워냈다. 그 과정에서 자율전공학부를 선택했을 때의 부담도 함께 줄일 수 있었다.

태연쌤의 진로 코멘트 소거법을 활용할 때는 해당 전공을 공부하고 직업을 수행하는 데 필요한 필수 역량과 너의 생활 방식이 일치하는지 따져봐.

나의 장점에 정확한 명칭을 붙여보자!

진로를 정하지 못해서 불안해하는 학생 중 상당수는 오랜 시간 탐색을 해왔지만, 그것을 체계적으로 정리하지 못해 혼란을 겪고 있다. 태현이도 마찬가지였다. 중학교 때부터 지금까지 다양한 활동을 해왔지만, 거기서 획득한 경험을 적절히 분류하고 정리하지 못했다.

태현이는 상담을 통해 자기 경험을 차근차근 돌아보기 시작했다. 태현이는 평소 독서를 즐겼다. 분야를 가리지 않고 다양한 책을 고루 읽었는데, 그중에서도 문학을 특히 좋아했다. 한 번 이야기에 빠져들면 시간이 가는 줄도 모르고 앉은 자리에서 책을 다 읽어버리곤 했다. 게다가 이야기를 읽는 데서 그치지 않고 자기 생각을 글로 정리하기도 했다. 처음에는 간단한 감상을 적는 수준이었지만, 점차 비평적 글쓰기의 형태를 갖추게 되었다.

태현이는 이런 일련의 활동을 단순한 취미생활 정도로만 여겼다. 글쓰기 과제를 하거나 독서 토론 수업을 할 때 이와 같은 경험이 많은 도움이 되었다는 것을 깨닫게 된 건 상담 이후였다. 태현이는 그제야 처음으로 자신이 '비평적인 시각'과 그걸 표현할 수 있는 '정제된 글쓰기 능력'을 갖추고 있다는 것을 알게 되었다.

나의 장점을 세 가지 떠올려보고, 정확한 명칭을 붙여봐. 별것 아니라고 생각했던 특성을 명명하는 순간 나만의 특별한 재능이 될 거야.

상담 이후 태현이는 자율전공학부에 지원하기로 마음을 굳혔다. 부모님의 말씀처럼 여러 제약이 따르는 것은 사실이지만, 철저한 사전 조사와 입학 이후의 노력으로 얼마든지 헤쳐 나갈 수 있다고 생각했다. 소거법을 활용해 하고 싶지 않은 일을 추려낸 덕에 선택지도 어느 정도 좁힐 수 있었다. 이제 태현이는 지속적인 탐색을 이어가며, 줄어든 선택지 안에서 자신의 관심사를 충족시키고 장점을 발휘할 수 있는 전공을 찾아가려 한다. 아직 최종적인 결정을 하지 못한 탓에 진로 선택의 부담감을 완전히 떨쳐내지는 못했지만, 이전보다는 한결 여유롭고 가벼운 마음으로 자신의 내면을 들여다볼 수 있게 되었다.

"일찍이 전공을 정하지 못했다고 해서 걱정할 거 없어. 신중한 탐색은 나를 더 나은 결과로 이끌 거야."

내 마음 쓰기

1. 지금까지 내가 즐거워했던 활동들의 공통점은 무엇일까?

2. 다른 사람들과 비교하며 조급해했던 순간은 언제였을까?

3. 확신이 없는 상태로 시간을 보내는 것도 의미가 있을까?

4. 앞으로 내가 체계적으로 탐색할 분야는 무엇일까?

돈을 많이 버는 일을 하고 싶어요

저는 중학교 2학년 진우예요. 저는 평소 돈에 대해 자주 생각하곤 해요. 물건을 구매하거나 어떤 일을 할 때 돈을 가장 먼저 생각해요. 진로를 고민할 때도 마찬가지예요. 친구들은 하나같이 자신이 좋아하는 일이나 하고 싶은 일을 찾는데 저는 돈을 많이 벌 수 있는 일을 찾아요. '이 직업은 수입이 얼마나 될까?' 하는 생각을 떨칠 수가 없어요. 하지만 막상 주변에서 꿈이 뭐냐고 물어보면 아직 모르겠다고 대답해요. 돈을 많이 버는 일을 하고 싶다고 말하면 이상하게 볼 것 같아요.

왜 돈이 중요하냐고요? 갖고 싶은 게 너무 많거든요. 하루는 친구가 새로 출시된 무선 이어폰을 자랑했어요. 저는 몇 년째 낡은 유선 이어폰을 쓰고 있는데, 친구가 무심코 "그거 아직도 쓰네?" 라는 말을 던졌을 때 너무 창피했어요. 게임을 할 때도 스트레스를 받아요. 친구들은 돈으로 예쁜 스킨이나 좋은 아이템을 사는데 저만 기본 캐릭터거든요. 5만 원짜리 한정판 스킨을 사려면 몇 달 치 용돈을 모아야 해요. 그러다 보니 팀플레이를 할 때 친구들에게 미안한 마음이 들고, 소외감도 느껴요.

하지만 무엇보다도 가장 속상한 건 돈을 아끼기 위해 노력하는 부모님의 모습을 보는 거예요. 엄마는 항상 할인 스티커가 붙은 옷만 사고, 아빠는 수리비가 아깝다며 화면이 깨진 휴대폰을 몇 달째 그냥 써요. 마트에서 가격표를 보며 비싸다는 이야기만 하는 엄마를 보면 마음이 아파요. 제가 뭔가 사달라고 하면 잠시 망설이다가 "다음에 사자."고 하는데, 그 '다음'이 언제일지는 알 수 없어요. 그래서 언제인가부터는 갖고 싶거나 필요한 게 있어도 말하지 않아요.

친구에게 이런 고민을 털어놓으면 친구는 "너는 맨날 돈 이야기만 해."라고 해요. 심지어 한번은 "게임 아이템 살 돈으로 진짜 필요한 걸 사."라고 해서 정말 기분 나빴어요. 좋은 집에 살면서 가지고 싶은 건 모두 갖는 친구는 저의 상황을 조금도 이해하지 못하는 것 같아요. 그래서 요즘 매일 돈 많이 버는 직업, 의사 연봉, 변호사 연봉 같은 것들을 찾아봐요. 의사가 돈을 많이 번다고 해 의사가 되고 싶어요. 어른이 되면 돈을 많이 벌어서 부모님께 좋은 것을 많이 해드리고, 저도 갖고 싶은 걸 고민 없이 사고 싶어요.

진로 상담을 위해 상담실을 찾은 진우에게 요즘에는 무엇에 관심이 있는지 물었다. 그러자 진우는 한참 동안 대답하지 못했다. 그러다 조심스럽게 입을 열어 '돈을 많이 버는 것'에 관심이 있다고 말했다. 하고 싶은 일도, 되고 싶은 것도 모두 뒷전이고 많은 돈을 버는 게 우선이라는 것이었다. 진우는 직업을 '일'이 아니라 '돈'으로 바라보고 있었다.

돈을 중요하게 생각하게 된 계기를 묻자, 진우는 돈 때문에 고충을 겪었던 일을 하나둘 꺼내놓았다. 돈 때문에 고민하고 걱정하는 부모님의 모습을 보는 게 가장 힘들다고 말하는 진우의 낯빛이 눈에 띄게 어두웠다.

"선생님은 진우가 가족을 생각하는 마음이 예뻐 보이는걸? 그리고 돈에 관심을 갖는 것도 전혀 이상하지 않다고 생각해. 돈이 있으면 할 수 있는 일이 많으니까. 돈을 많이 벌 수 있다는 이유로 의사가 되고 싶은 것도 괜찮아. 그런데 진우야, 의사가 어떤 일을 하는지 알고 있니?"

갑작스러운 질문에 진우는 당황하더니 곧 아픈 사람을 치료하고 병을 고치는 일을 한다고 대답했다. 그밖에 더 아는 것은 없는지 묻자 입을 다물었다. 진우는 의사가 하루에 몇 시간씩 일하는지, 의사라는 직업이 어떻게 세분화되는지, 의사가 되기 위해서는 어떤 공부를 해야 하는지 같은 것들은 전혀 모르고 있었다. 의사가 되고 싶다고 말하면서도 그 직업에 대해 잘 알지 못한다는 것을 깨달은 진우는 상담을 마치고 돌아가는 길에 처음으로 진로에 대해 진지하게 고민했다. 의사라는 직업에 대한 정보를 찾는 것에서 출발한 진우의 진로 고민은 어느새 '나에게 맞는 일'을 살펴보는 단계에 이르렀다. **나는 어떤 일에 관심이 있는지, 내가 그 일을 하는 데 필요한 역량을 갖추고 있는지 생각해보게 된 것이다.** 이제는 돈을 많이 벌면서도 자신이 행복할 수 있는 일을 찾는 것이 진우의 새로운 목표가 되었다.

돈에 대한 마음을 당당하게 인정하자!

돈을 벌고 싶은 마음을 부끄러워할 필요 없다. 사람은 누구나 경제적 안정을 추구하기 마련이다. 안정적인 소득은 의식주와 같은 기본 생활을 유지하도록 할 뿐 아니라, 결정할 수 있는 일이 많아지면서 선택의 폭을 넓히는 데 도움을 준다. 그래서 충분한 소득을 원하는 것은 자연스러운 욕구다. 다만 무작정 소득이 높은 직업을 선택하기 전에 돈을 좇는 목적과 돈을 사용해 얻고자 하는 가치에 대해 구체적으로 생각해볼 필요가 있다.

진우의 경우에는 '자유로움'이 그 목적이었다. 진우가 원하는 것은 돈 그 자체가 아니라 '돈으로 할 수 있는 일'이었다. 가령 부모님께 좋은 것을 사드리거나, 친구들과 어색해지지 않고 자연스럽게 어울릴 수 있는 상태를 만드는 것이다. 그동안 자신이 맹목적으로 돈을 좇는 것이 아닌지 걱정했던 진우는, 상담을 통해 근본적인 문제를 마주하며 마침내 돈에 대한 마음을 솔직하고 당당하게 인정할 수 있게 되었다.

태연쌤의 진로 코멘트 우리가 직업을 갖는 첫 번째 목적은 생계를 유지하기 위함이야. 그러니 진로를 결정할 때 소득을 고려하는 것은 지극히 당연한 일이며, 부끄러워할 필요 없어. 솔직한 태도로 돈을 벌고 싶은 구체적인 이유와 그것이 나에게 중요한 까닭을 생각해봐.

돈과 내가 잘하는 것을 연결해서 생각하자!

돈을 잘 벌기 위해서는 자신이 잘할 수 있는 일을 직업으로 선택해야 한다. 소득이 높다는 이유만으로 직업을 고르면 목표를 달성하기 어려울 뿐만 아니라, 해당 직업을 가지게 된 뒤에도 근무를 지속하기 힘들 수 있다.

무조건 의사가 되어야 한다고 생각했던 진우는 이번 기회에 자신이 무엇을 좋아하고 잘하는지 살펴보기로 했다. 처음으로 자신을 구성하는 또 다른 면을 들여다보는 것이다. 진우는 게임을 정말 좋아하고, 잘하기도 했다. 새로운 게임이 나오면 친구 중 제일 먼저 공략을 찾아냈다. 유료 아이템 없이도 곧잘 좋은 성과를 내서 친구들이 비결을 가르쳐달라고 할 정도였다.

이런 경험을 바탕으로 진우는 자신이 가진 강점을 분석하기 시작했다. 그 결과, 전략을 잘 세우고, 문제를 파악하고 해결하는 능력이 뛰어나며, 팀워크의 중요성을 알고 있다는 것을 깨달았다. 거기에 더해, 혼자 게임을 할 때보다 여럿이 함께할 때 더 큰 즐거움을 느끼며, 팀원들과 힘을 합쳐 어려운 부분을 해결할 때 가장 보람을 느낀다는 것도 알게 되었다. 그 발견을 통해 진우는 자신이 다른 사람과 협력하는 일에 적합한 사람인지도 모른다고 생각했다.

며칠 뒤 다시 상담실을 찾은 진우는 게임을 만드는 일에 대해 생각해봤다는 소식을 전했다. 기획자, 개발자, 시나리오 작가, 디자이너 등 다양한 분야의 사람들이 모여 게임을 만든다는 것을 처음 알게 되었다고 했다. 그중에서도 게임 기획 직무에 특히 관심이 갔는데, 알아보니 소득 수준도 만족스러운 편이라고 덧붙였다. 진우는 의사가 되는 것도 좋지만, 이처럼 색다른 길이 있음을 알게 되어 다행이라며 웃었다.

내가 잘하는 일과 좋아하는 것을 적어봐. 그리고 그것과 연결 지을 수 있는 분야가 무엇인지 살펴보자. 우리가 흔히 알고 있는 고소득 직종 외에도 경제적 안정을 이룰 수 있는 다양한 직업이 있어!

지금 바로 실천 가능한 계획을 만들자!

모든 성취는 작은 실천에서부터 시작된다. 당장 많은 돈을 손에 넣어 고민을 해결할 수는 없지만, 지금 할 수 있는 일을 찾아 하나씩 실천으로 옮기면 목표에 한 뼘 더 가까워질 것이다.

상담 이후 진우는 먼저 생활을 재정비하기로 했다. 하루빨리 진로를 찾는 것도 중요하지만, 진우에게는 돈으로 인한 선택의 제약을 해소하는 것 또한 중요한 일이다. 진우는 용돈을 보다 효율적으로 사용하기 위해 용돈 기입장을 쓰며 필요한 것과 갖고 싶은 것을 구분하는 연습을 했다. 한 달 동안 용돈 사용 내용을 기록해 보니 불필요한 소비가 생각보다 많다는 것을 알게 되었다. 진우는 콜라를 좋아해 자주 사 먹고는 했는데, 그 횟수를 조금만 줄여도 한 달에 2만 원을 절약할 수 있었다.

또 진로 선택에 대해 부모님과 심도 있는 대화를 나누기로 했다.

진우는 게임 제작에 대해 더 자세히 알아본 뒤 자기 생각을 부모님께 이야기했다. 게임에 대한 자신의 관심과 재주, 그리고 게임 기획자로서의 가능성에 대해 말이다. 어머니는 처음에 의외라는 반응을 보였지만 진우가 수집한 자료를 바탕으로 차근차근 설명하자 귀 기울여 들어주었다. 그보다 기뻤던 건 아버지의 반응이었는데, "네가 좋아하고 잘할 수 있다고 생각하는 일이라면 도전해볼 만하다."라고 격려해준 것이다. 이런 대화를 통해 진우는 자신의 꿈이 공상에 그치는 것이 아니라 현실적인 가능성이 있다는 확신을 갖게 되었다.

태연쌤의 진로 코멘트 용돈 관리, 관심 분야 탐색, 부모님과의 소통 등 지금 너의 상황에서 실천할 수 있는 일을 찾고 단계별로 계획을 설정해봐.

경제적 안정을 바라는 진우의 마음은 여전하다. 하지만 이제 진우는 그 마음을 부끄러워하지 않는다. 돈을 우선시하는 자기 모습이 사랑하는 가족의 풍요로운 생활을 바라는 마음에서 비롯되었음을 깨달았기 때문이다. 게다가 이번 기회에 많은 돈을 벌고 싶은 욕구는 자연스럽고도 당연하다는 것 또한 알 수 있었다. 솔직한 욕구와 자신의 적성을 연결해 현실적인 목표를 설정한 진우는 돈과 꿈이 양립할 수 있다는 희망을 찾았다. 이와 같은 발견은 진로 탐색의 시작에 불과하지만, 진우는 꿈꿀 수 있는 기회와 용기를 얻었다는 생각에 크게 기뻐했다.

"돈을 벌고 싶다는 마음은 부끄러운 게 아니야.
그 마음을 내가 잘할 수 있는 일과
연결해서 생각해보자."

1. 돈에 대한 솔직한 내 마음을 표현해보자.

2. 가족을 위해 돈을 벌고 싶다는 생각은 어떤 마음에서 비롯되었을까?

3. 돈 걱정 없이 하고 싶은 일을 하는 나는 어떤 모습일까?

완벽한 답 대신 지혜로운 균형을 찾자!

B.A.L.A.N.C.E

B Bridge (다리 놓기)

A Acknowledge (인정하기)

L Listen (경청하기)

A Adapt (적응하기)

N Now (지금 시작하기)

C Create (창조하기)

E Evolve (진화하기)

갈등과 성장의 BALANCE

혼란과 갈등은 문제가 아니라 성장하고 있다는 증거야. 진짜 원하는 것을 발견했기 때문에 생기는 자연스러운 과정이야.

타협은 포기가 아니라 BALANCE를 찾아가는 일

타협은 지속 가능한 탄탄한 꿈을 만들어 가는 지혜로운 전략이야.

완벽한 길과 나만의 길 사이의 BALANCE

완벽한 길이 아니어도 상관 없어. 남들이 가지 않는 길도, 시간이 오래 걸리는 길도 괜찮아. 중요한 건 포기하지 않고 계속 걸어가는 거야.

3장

내 꿈인데,
왜 다른 사람이 신경 쓰일까?

e스포츠로 세계를 제패한 페이커

e스포츠계에 혜성처럼 등장한 이상혁은 SK telecom T1에 입단하며 프로게이머가 됐다. 독보적인 실력으로 데뷔 직후 세 번의 우승을 거머쥐며 왕좌에 올랐다. 이후 슬럼프를 겪었지만, 꾸준한 노력과 자기 계발로 2023년에 〈리그 오브 레전드 월드 챔피언십〉 우승 트로피를 되찾았다.

친구들이 내 꿈을 무시해요

저는 고등학교 2학년 연준이에요. 제 꿈은 싱어송라이터예요. 제 이야기를 담은 노래를 직접 만들어 부르고 싶어요. 3학년이 되면 실용음악과에 지원할 거예요. 부모님과 상의해서 올해부터 노래와 작곡을 배울 수 있는 학원에 다니고 있어요. 학교를 마치면 곧장 학원으로 가서 밤늦게까지 피아노를 치고 노래를 불러요. 남들보다 시작이 늦은 만큼 더 많은 시간과 노력을 들여야 하지만 좋아하는 일을 하니 힘들기는커녕 즐겁기만 해요.

그런데 최근에 고민이 생겼어요. 친구들에게 제 꿈을 이야기하자 한 친구가 "네가 무슨 노래를 하냐?" 하며 장난스럽게 저를 놀리기 시작한 거예요. 그런 친구의 반응이 이해되지 않는 건 아니에요. 저는 평소 학교에서 나서는 법이 없고, 오히려 내성적이라는 이야기를 자주 듣는 아이거든요. 그런 제가 노래를 만들고 심지어 직접 부르기까지 한다니 낯설게 느껴졌겠지요. 하지만 그 친구의 반응에 다른 친구들도 동조하며 하나둘 말을 얹자 기분이 나빠졌어요. 가장 상처가 됐던 말은 "가수는 아무나 하는 줄 아냐?"는 거예요.

제 실력이 뛰어나지 않다는 건 저도 잘 알아요. 아니, 누구보다도 제가 제일 잘 알 거예요. 하지만 실력이 부족하다고 해서 열정까지 뒤처지는 건 아니에요. 노래를 좋아하는 마음은 누구에게도 지지 않을 만큼 진심이에요. 그런데 아무리 장난이라고 해도 친한 친구들이 제 꿈을 놀리니 속상해요. 이제는 한 마디를 꺼내는 것도 망설여지고, 또 어떤 놀림을 받을까 하는 마음에 위축되기도 해요. 자신감이 떨어져서 '싱어송라이터는 나와 맞지 않는 직업일까?' 하는 의심까지 들어요.

상담이 있는 날 연준이는 자기 몸집만한 기타 가방을 메고 나타났다. 책상 옆에 기타 가방을 조심스레 내려놓은 연준이는 어깨를 움츠린 채 의자에 조심스럽게 앉았다. 많이 지친 모습이었다. 그럴 만도 한 것이, 최근 연준이는 친구들과의 관계에서 불편함을 느끼고 있었다. 친구들이 자신의 꿈을 듣고 비웃듯 놀린다는 것이었다.

연준이는 내성적이고 소극적인 성격 탓에 사람들 앞에 잘 나서려 하지 않았다. 그 모습에 익숙해져 있기 때문인지 친구들은 "그러면서 노래는 어떻게 부른다는 거야?"라며 놀렸다. 심지어는 즉석에서 노래를 요청해 연준이를 당황시키기도 했다. 연준이는 워낙 가깝고 친한 사이이기 때문에 자신에게 상처를 주려는 악의를 가지고 하는 말이 아니라는 것을 알지만, 어쩔 수 없이 상처받게 된다고 털어놨다. 이때까지 노래를 만들고 부르는 일에 대한 자신의 진심과 열정을 한 번도 의심해본 적 없는데, 친구들의 말에 흔들리기까지 한다며 말이다.

자신의 진심을 알아줬으면 하는 마음에 친구들과 제대로 대화를 나눠보려 해도 매번 분위기에 휩쓸려 기회를 놓쳤다. 게다가 장난으로 한 말인데 자신이 진지하게 반응하면 오히려 친구들이 무안해할 것 같아 망설여졌다. 연준이는 친구들 사이에서 이러지도 저러지도 못하며 자신감만 잃어가고 있었다.

"네가 어떤 마음인지 충분히 이해된다. 하지만 연준아, **친구들의 반응이 너의 가치를 결정하는 건 아니야.**"

그 말을 듣고 연준이는 처음으로 자신의 꿈을 다른 시선으로 바라보게 되었다. 친구들의 반응에 흔들렸던 것은 사실이지만, 그것이 자신의 열정까지 부정할 이유가 될 수 없다는 걸 깨달은 것이다. 연준이는 이제 남의 시선보다 자신의 진심에 더 귀 기울이기로 했다.

자신의 선택을 의심하지 말자!

주변 사람들이 내 꿈을 무시하는 것처럼 말할 때, 가장 먼저 해야 할 일은 '내 꿈을 스스로 믿는 것이다. 이건 다른 누구도 아닌 나만이 할 수 있는 일이다. 꿈에 다가가기 위해 들인 시간과 노력을 나보다 더 잘 아는 사람은 없다는 사실을 명심하자. 이렇게 쌓아 올린 단단한 믿음은 어떤 어려움도 헤쳐 나갈 수 있는 강력한 힘과 용기가 된다.

연준이는 잃어버린 믿음을 되찾고 사기를 끌어올리기 위해 '칭찬 일기'를 쓰기 시작했다. 매일 자신을 칭찬할 이유를 세 가지씩 적는 것이다. 이때 칭찬은 거창할 필요 없다. 학교에 지각하지 않고 제시간에 도착했다거나, 목표한 만큼의 과제를 해냈다는 식의 간단한 칭찬으로 충분하다. 연준이는 칭찬 일기에 '마음에 드는 새 가사를 썼다', '오늘도 학원을 빠지지 않고 다녀왔다' 같은 내용을 적었다.

유독 힘이 나지 않는 날에는 성공한 싱어송라이터의 인터뷰를 찾아보며 마음을 다잡았다. 그들이 꿈을 이루는 과정에서 겪은 어려움과 주변의 차가운 시선을 이겨낸 이야기를 보며 용기를 얻곤 했다.

피할 수 없다면 과감히 부딪히자!

불편한 상황이 벌어지는 것을 걱정해서 무작정 피하고 참기만 하는 것은 현명한 대처 방법이 아니다. 때로는 부딪히고 깨져야 하는 일도 있다. 친구들과의 우정에 금이 갈지도 모른다는 생각에 선뜻 행동하기 어려울 테지만, 용기 내어 진솔한 대화를 청해보자. 차분하고 이성적인 태도로 자신의 꿈을 설명하고, 그 꿈에 대한 진심을 표현하는 것이다.

상담 이후 연준이는 친구들과 이야기 나눌 자리를 마련했다. 평소와 달리 무게를 잡는 연준이의 모습에 친구들은 당황했지만, 진지한 태도로 이야기를 시작하자 점차 연준이의 말에 귀를 기울이기 시작했다. "너희가 그렇게 말할 때마다 사실은 상처받았어."라는 말에 놀라는 친구도 있었다. 한참 동안 연준이의 이야기를 듣던 친구들은 "아무 생각 없이 친 장난이라 상처가 될 줄 몰랐다"며 진심 어린 사과를 전했다. 한 친구는 연준이의 어깨를 두드리며 "네 꿈을 진심으로 응원해!"라고 말하기도 했다.

대화를 통해 진심을 전하고 오해를 풀자, 연준이는 마음이 한결 가벼워졌다. 친구들에게 자신의 마음을 솔직하게 전했다가 관계를 망치게 될까 봐 두렵기도 했지만, 이렇게 이야기하고 나니 오히려 관계가 더 단단해진 느낌이었다. 연준이는 불편함과 갈등을 피하지 않고 정면으로 마주하는 용기가 서로를 이해하고 존중할 기회를 만들어주기도 한다는 것을 깨달았다.

긍정적인 주변 환경을 조성하자!

만약 대화를 통해 문제 해결의 가능성을 발견하지 못했다면 이제는 환경을 바꿔야 한다. 갈등 상황을 회피하기 위해 문제 해결을 포기하고 같은 환경에 계속 머무르는 것은 결코 좋은 선택이 아니다. 상처를 주고받는 불편한 관계가 지속되면 마음은 회복할 시기를 놓칠 수 있다.

자신감을 되찾고 성장하려면 자신을 있는 그대로 받아들이는 관계 형성이 필요하다. 그런 관계 속에서 자신의 진정한 가치를 지키고 키워 나갈 수 있기 때문이다. 내 꿈을 지지하고 응원하는 사람들과 더 많은 시간을 보내보자. 가족과 선생님, 나를 이해하는 친구와 대화를 나누며 앞으로 나아갈 힘을 얻을 수 있다. 또한, 온라인 커뮤니티를 통해 나와 비슷한 꿈을 가진 사람들과 경험을 공유하는 것도 도움이 된다.

이처럼 부정적인 환경에 머무르며 상처에 무뎌지는 연습을 하기보다는, 스스로 나서서 나의 진로 계획에 도움이 되는 긍정적인 환경을 조성하려는 노력이 필요하다.

태연쌤의 진로 코멘트 다양한 온라인 공간을 활용하면 비슷한 처지에 놓인 사람들과 다양한 경험을 나눌 수 있고, 진로에 도움이 되는 정보도 얻을 수 있어!

연준이는 대화를 통해 친구들과 오해를 풀고 관계를 더욱 돈독히 다질 수 있었다. 이번 일을 통해 연준이는 갈등이 꼭 부정적인 것만은 아니라는 사실을 깨달았다. 때로 갈등은 나를 더 단단하게 만들고, 새로운 국면을 여는 계기가 되기도 한다는 것을 알게 되었다. 또한, 자신을 지키면서도 관계를 개선할 수 있는 방법을 배웠다. 무엇보다 중요한 것은 어떤 어려움에도 흔들리지 않을 자기 확신을 되찾았다는 점이다. 이제 연준이는 자신의 꿈을 향해 힘차게 나아갈 수 있는 동력을 얻은 셈이다.

"내가 나를 믿지 않으면
다른 사람도 나를 믿을 수 없어.
나의 가장 든든한 지원자는 바로 나 자신이야."

1. 남들이 이해하지 못하는 나의 열정은 무엇일까?

2. 내가 정말 소중하게 생각하는 꿈을 누군가 무시하면 어떤 기분이 들까?

3. 불편하더라도 꼭 전해야 할 내 진심은 무엇일까?

4. 나를 가장 잘 믿어주고 응원해주는 사람은 누구일까?

친구들을 질투하는
내 모습이 싫어요

저는 중학교 2학년 은혁이에요. 얼마 전에 학교에서 직업 체험 활동을 했어요. 관심 있는 직업을 조사하고, 관련 현장에서 체험 활동이나 인터뷰를 한 뒤 보고서를 제출하는 거예요.

저는 이런 활동이 가장 난감하고 싫어요. 딱히 관심 있는 직업이나 분야가 없거든요. 미래에 직업으로 삼고 싶은 것은 아니더라도 흥미를 느끼거나 궁금하다고 생각하는 일이라면 어떤 것이든 괜찮다고 선생님이 말씀하셨어요. 영 갈피를 잡을 수가 없었지만, 숙제는 해야 하니 식당을 운영하시는 부모님의 도움으로 보고서를 썼어요. '관심 있는 직업' 칸에는 요리사를 적었지요. 실제로는 생각조차 해본 적 없는 직업이에요.

보고서를 제출한 후 친구들과 이야기를 나눠 보니 다들 자기 꿈과 관련된 활동을 한 것 같아요. 임상병리사가 되고 싶다던 종훈이는 한 대학의 연구소에 찾아가 실험 과정을 참관했대요. 비행기 조종사가 될 거라는 병재는 항공사의 안전 훈련 체험에 참여했고요. 또 만화가를 꿈꾸는 정우는 웹툰 작가를 인터뷰했다고 해요.

이렇게 꿈을 정한 친구들을 보면 멋있다는 생각이 들어요. 그런 친구들은 보통 좋아하거나 싫어하는 것도 확실하고, 평소 행동에도 확신이 묻어나는 경우가 많거든요. 같은 나이지만 어쩐지 저보다 어른스러운 느낌이에요. 그런데 한편으로는 그런 친구들이 싫을 때도 있어요. 무엇을 좋아하고 어디에 관심이 있는지 알지 못해 숙제 하나에도 쩔쩔매는 제 모습과 너무도 상반되니까요. 그들과 함께 있으면 제가 부족하고 별볼일없는 사람이 된 것 같은 느낌이 들 때도 있어요. 이렇게 친한 친구들을 시기하고 질투하는 제 모습이 싫어요.

상담실에 들어선 은혁이가 가장 먼저 꺼낸 이야기는 며칠 전에 있었던 친구 종훈이와의 다툼에 관한 것이었다. 직업 체험 활동 보고서를 제출한 뒤에 친구들과 각자 어떤 활동을 했는지 이야기를 나누었는데, 그때 종훈이가 임상병리사 체험 일화를 꺼낸 것이다. 종훈이는 한 대학의 연구실에 방문해서 면역 체계를 연구하는 연구원들을 만나 이야기를 듣고, 실험 과정을 참관했다.

자신의 꿈이 눈앞에서 펼쳐지는 것을 보고 깊은 감명을 받은 종훈이는 상기된 목소리로 그날의 기억들을 친구들에게 상세히 설명했다. 종훈이답지 않게 좀처럼 흥분을 가라앉히지 못하는 모습이었다. 친구들은 종훈이의 이야기에 귀를 기울였다. 집중하지 못하는 건 은혁이뿐이었다.

　은혁이가 이야기에 집중하지 못한 것은 종훈이를 향한 질투심이 일어났기 때문이다. 은혁이는 잔뜩 신이 나서 쉴 새 없이 떠드는 종훈이의 모습이 어쩐지 못마땅했다. 자신의 꿈을 과시하는 것처럼 보였고, 나아가 아직 이렇다 할 꿈이 없는 은혁이를 무시하고 놀리는 것처럼 느껴지기도 했다. 물론 그것은 은혁이의 착각이었다. 하지만 그것을 깨달은 건 "그만 좀 해라."라며 종훈이의 말을 끊은 뒤였다. 종훈이는 순식간에 기분이 상했고, 이어지는 은혁이의 날 선 말에 다툼이 시작됐다.

　"부러운 마음에 저도 모르게 종훈이에게 상처가 되는 말을 하고 말았어요. 그때 제가 왜 그랬는지 정말 이해가 안 돼요. 종훈이가 뭘 잘못한 것도 아닌데 말이에요. 저는 왜 이렇게 못났을까요?"

　은혁이가 자책하며 말했다. 곧장 잘못했다는 걸 깨달았고, 오해가 생기지 않도록 사과해야 한다는 것을 알았지만, 친구를 질투하고 있다는 것을 인정하기가 부끄러워 입이 떨어지지 않았다고 했다.

　"종훈이를 질투하는 건 네가 못나서가 아니야. 네 안에 꿈을 향한 열망이 있기 때문이지. 질투는 때로 진짜 원하는 것을 알려준단다."

감정을 솔직하게 인정하자!

사람은 누구나 살면서 한 번쯤은 질투를 느낀다. 내가 갖지 못한 것을 가진 사람을 보면 부러운 마음이 들거나 시기를 느낄 수 있다. 특히 과열된 경쟁 구도 속에 놓인 청소년기에는 그런 감정을 더욱 쉽게 접할 수 있다. 하지만 이와 같은 감정을 단순히 '나쁜 것'으로만 여기며 무시하고 감추려 하는 것은 옳은 대처 방식이 아니다. 우리는 질투를 '성장을 촉진하는 신호'로 받아들여 주의 깊게 살펴야 한다.

그 시작은 질투라는 감정을 솔직하게 인정하는 것이다. 감정을 객관적으로 바라보고, 그 감정을 느끼는 이유를 분명하게 파악해야 한다. 은혁이는 종훈이가 꿈에 대한 이야기를 늘어놓았기 때문에 화가 난 것이 아니다. 종훈이의 이야기를 통해 자신이 아직 찾지 못한 목표에 대한 갈망을 마주했기 때문이다. 그 사실을 받아들여야 비로소 다음 단계로 나아갈 수 있다.

태연쌤의 진로 코멘트 '감정 일기'를 써봐. 하루 동안 느낀 감정 세 가지를 쓰고, 그 이유도 함께 적어봐.

실수를 했다면 가능한 빨리 바로잡자!

은혁이는 친구들과 대화를 나누던 중 종훈이에게 상처가 되는 말을 내뱉었다. 순간적으로 질투심이 앞서 자신도 모르게 툭 던진 것이다. 게다가 친구를 질투하는 것을 들킬까 봐 걱정돼 곧장 사과하지 않고 갈등의 골을 더 깊게 만들었다. 이런 경우, 이미 벌어진 일이라고 해서 손 놓고 있기보다는 가능한 한 빨리 잘못을 뉘우치고 바로잡는 편이 훨씬 현명하다. 상처는 시간이 지날수록 깊어지기 때문이다.

그날 말다툼을 한 이후 은혁이와 종훈이의 사이는 서먹해졌다. 하지만 상담을 통해 은혁이는 종훈이에게 제대로 사과하기로 마음먹었고, 다음날 곧장 종훈이에게 대화를 청했다. 방과 후 학교 밖에서 다시 만난 종훈이에게 은혁이는 진심을 담아 사과했다. 어떤 변명도 없이 "그날은 내가 감정을 다스리지 못해서 심한 말을 했어. 정말 미안해."라고 솔직하게 이야기했다. 그러자 종훈이도 은혁이의 진심을 알아차리고 다시 마음을 열었다.

태연쌤의 진로 코멘트 얼굴을 보고 사과하기 어려울 때는 편지를 써봐. 편지는 마음을 전할 수 있는 좋은 방법 중 하나야.

친구들의 경험에 귀를 기울이자!

진로 선택을 위해 전문가에게 도움을 청하거나 실제 현장에서 일하는 다양한 직업군의 사람들을 만나보는 것도 좋지만, 같은 시기에 같은 고민을 하는 친구들의 경험을 듣는 것도 도움이 된다. 또래 친구들은 어떤 관심사를 가지고 있고, 어떤 직업을 꿈꾸는지 듣다 보면 내 꿈의 갈피를 잡을 수도 있다. 친구들의 시행착오와 발견을 통해 진로 탐색의 중요한 단서를 찾는 경우도 있다. 내가 미처 보지 못한 길을 친구가 발견할 수도 있고, 반대로 나의 이야기가 친구에게 도움을 줄 수도 있다.

또한 대화를 나누는 과정에서 서로의 마음에 공감하며 용기와 위로를 얻을 수 있다. '나만 이런 고민을 하는 게 아니구나' 하는 생각은 소속감을 높여 불안함과 외로움을 줄여준다. 이렇게 서로의 경험을 공유하는 과정은 진로 고민을 혼자 짊어져야 할 무거운 짐이 아닌, 함께 나눌 수 있는 공감대로 바꿔준다.

태연쌤의 진로 코멘트 직업 체험 활동 보고서의 내용을 친구들과 바꿔 읽고 대화를 나누면 서로의 꿈을 이해하고 응원할 수 있어.

은혁이는 아직 자신이 무엇을 원하는지 알지 못한다. 여전히 관심 가는 직업이 없고, 그래서 확실한 진로 계획이 있는 친구들을 보면 이따금 샘이 나기도 한다. 하지만 이전처럼 감정에 휘둘려 그런 마음을 즉각적으로 표출하지 않는다. 시샘하는 마음이 어디에서부터 출발한 것인지 정확히 알고 있기 때문이다. 은혁이는 그 마음과 출발점을 자신의 진로 탐색을 위한 신호로 삼기로 했다.

"친구를 질투하는 나를 미워하고 한심하게
여기기보다는 그 감정을 있는 그대로 인정하고
긍정적인 신호로 받아들여야지!"

1. 친구의 성공을 볼 때 어떤 마음이 들까?
2. 질투심 뒤에 숨은 나의 진짜 욕구는 무엇일까?
3. 친구와 나는 각각 어떤 강점을 가지고 있을까?
4. 친구에게 전하고 싶은 진심 어린 말은 무엇일까?

나는 왜 언니만큼 못할까요?

저는 중학교 2학년 현희예요. 저에게는 고등학생인 언니가 있어요. 언니는 항상 전교 3등 안에 들 정도로 공부를 잘하는 우등생이에요. 법대에 진학해 판사가 되고 싶어서 열심히 공부한대요. 언니는 공부만 잘하는 게 아니에요. 어릴 때부터 피아노나 운동 같은 것도 곧잘 했어요. 교내외 대회에서 상도 많이 탔지요. 부모님과 친척들 모두 그런 언니를 칭찬하고 자랑스럽게 여겨요.

반면 저는 조금 달랐어요. 무엇 하나 뚜렷하게 잘하는 게 없고 중간만 겨우 가는 정도예요. 마땅히 하고 싶은 일도 없어요. 문제는 이런 제 모습 하나하나가 언니와 비교된다는 거예요. 명절에 큰집에 가면 어른들은 자연스럽게 언니와 저를 비교해요. "현서는 못하는 게 없는데, 현희는 왜 그럴까?"라는 말을 들을 때마다 장난스럽게 웃어 넘기지만 사실은 상처받아요. 언니 옆에 서면 제가 점점 작아지는 것 같은 기분을 느껴요. 온 식구들의 관심이 언니의 차지인 것도 서운해요. 언니가 논술 대회에서 상이라도 탄 날에는 할머니부터 이모, 삼촌까지 전화를 걸어 축하해요. 제가 상을 탔을 때는 한 번도 그런 적이 없었는데 말이에요.

가장 싫은 것은 제가 스스로를 부족한 사람이라고 느끼는 거예요. 어떤 일이 생각처럼 안 돼도 '나는 원래 잘 못하는 사람이니까'라고 생각하며 쉽게 포기하게 돼요. 새로운 것을 시작하기 두려워지고, 어떨 때는 잘하고 싶은 마음조차 생기지 않아요. 열심히 해봤자 아무도 알아주지 않을 테니까요. 이런 마음으로 하루하루 지내다 보니 점점 무기력해지는 것 같기도 해요. 저는 이대로 괜찮을까요?

"언니가 너무 부러워요."

상담이 시작된 후 현희가 처음 내뱉은 말은 이것이었다. 현희에게는 세 살 터울인 언니가 있다. 다재다능하여 모든 사람의 관심과 사랑을 독차지하는 전형적인 '엄친딸' 타입의 언니 말이다. 현희는 늘 그런 언니의 그늘에 가려진 채 살고 있었다.

구체적으로 언니의 어떤 점이 부러운지 묻자, 현희는 "전부 다"라고 대답했다. 무엇이든지 잘하는 것도, 하고 싶은 일이 뚜렷한 것도 모두 부럽다고 했다. 그러면서 그중에서도 가장 부러운 것은 언제 어디서나 주눅 들지 않고 자신감 있는 태도라고 덧붙였다. 못하는 일이 없고 칭찬받는 게 일상이다 보니 매사 확신에 차 있다는 것이다. 현희는 그런 언니의 모습을 닮고 싶어 했다. 한때는 그런 마음에 언니가 하는 일이라면 뭐든지 따라 했었다. 밤늦게까지 학원에 남아 수학 문제를 풀기도 하고, 관심조차 없던 테니스를 배우게 해달라고 부모님을 조르기도 했다. 얼마 가지 않아 자신에게는 잘 맞지 않는 것 같다는 생각에 그만두었지만 말이다.

"선생님은 네가 제2의 언니가 되기보다는 유일무이한 현희가 되었으면 좋겠는데."

이야기를 가만히 듣다가 이렇게 말하자 현희는 깜짝 놀랐다. 이때까지 자신이 제2의 언니가 되기 위해 애썼다는 것을 처음 알게 되었기 때문이다. 언제부터인가 자신이 좋아하는 것과 하고 싶은 것에 대해서는 생각하지 않게 되었다는 것도 깨달았다.

"현희야, 언니와 너는 완전히 다른 사람이야. 언니가 수학을 잘한다고 해서 너도 그래야 하는 건 아니야. 오늘부터는 너만의 것들을 찾아보자."

현희처럼 형제, 자매와 자꾸 비교를 당해 속상해하는 친구들에게 전하고 싶은 이야기가 있다. **타인이 정해놓은 틀에 자신을 끼워 맞추려 하지 말고, 그들에게는 없는 자신만의 강점을 찾아보자는 것이다.** 그 차이가 어떤 결과로 이어질 수 있는지 상상해보고, 누군가의 그림자로 사는 대신 세상에 하나뿐인 나만의 빛을 발견하자. 그때 비로소 나의 윤곽이 세상에 드러날 것이다.

언니 그림자에서 벗어나 나만의 정체성을 찾자!

상담 중 현희는 '부족한', '언니만큼 못하는' 같은 표현을 자주 사용했다. 그래서 관점을 달리해보기로 했다. 현희에게 "반대로 언니는 못하지만, 너는 할 수 있는 게 뭐야?"라고 질문했다.

한참 고민하던 현희는 "언니는 색깔 센스가 별로예요."라는 대답을 내놓았다. 늘 비슷한 색깔 옷을 입고, 상의와 하의 색깔이 어울리지 않아도 신경 쓰지 않는다는 것이다. 그에 비해 현희는 색을 보는 감각이 뛰어난 편이었다. 어울리거나 상반되는 색 조합을 줄줄이 꿰고 있는 데다, 그림을 그릴 때나 옷을 입을 때 적절히 활용하기도 했다. 여가 시간에는 이미지 사이트에 들어가서 다채로운 사진과 그림을 보는 것을 즐겼다.

현희는 그날 처음 색과 아름다움에 민감한 자신의 시각이 다른 사람들에게는 없는 자신만의 소중한 재능일지도 모른다는 생각을 하게 되었다. 항상 언니와 비교하며 자신의 부족함에 집중했지만, 이번에는 강점을 보려고 노력한 것이다. 이 경험을 통해 현희는 언니

143

의 그림자에 가려져 있다고 느낀 순간에도 지워지지 않는 자신만의 빛깔이 존재하고 있었음을 깨달았다. 나아가 언니와 다른 점은 '틀린 점'이 아니라 '개성'이었다는 것도 알게 되었다.

태연쌤의 진로 코멘트 '언니는 저것을 잘하지만, 나는 이것을 잘해.'와 같은 형태의 문장을 매일 하나씩 써봐.

관심사를 진로로 발전시키자!

현희의 또 다른 고민은 자신이 무엇을 원하는지 알지 못한다는 것이었다. 늘 언니의 뒤를 쫓기 바빠 자신에게는 충분한 관심을 두지 못한 탓이었다. 하지만 상담을 통해 현희는 자신에게 색깔과 이미지를 볼 줄 아는 눈이 있다는 사실을 깨닫기 시작했다. 또한 현희가 이미지 사이트에서 수집한 사진과 그림을 보니 전시와 관련된 것이 다수였다. 현희는 그림과 작품이 그 자체로 존재하는 상태가 아니라, 미술관과 박물관이라는 공간 속에 녹아든 모습을 좋아했던 것이다.

현희에게 미술관이나 박물관에 가서 작품을 감상하는 것을 즐기는지 묻자, 의외로 그런 곳에 가본 경험이 별로 없다는 대답이 돌아왔다. 그런 곳은 입장료가 있는 경우가 많은데, 학생의 용돈으로 가기에는 부담된다는 것이었다.

"이런 감각을 가진 사람들이 할 수 있는 일이 아주 많아. 큐레이터나 학예사처럼 말이야."

그 말에 관심을 보이는 현희에게 도서관에서 빌려 읽을 수 있는 미술 관련 책과 입장료 없이도 관람할 수 있는 무료 전시 정보를 알려줬다. 그러자 현희는 눈을 빛내며 정보를 수집하기 시작했다. 현희는 자신이 색깔과 이미지를 볼 줄 아는 눈을 가졌다는 사실을 깨달은 데 이어, 가벼운 취미로 여겼던 관심사가 진로와 연결될 수 있다는 것도 알게 되었다.

태연쌤의 진로 코멘트 마음에 드는 이미지를 모은 뒤 간단한 설명이나 감상을 적어 나만의 스크랩북을 만들어봐. 이미지를 선택한 이유를 덧붙여도 좋아.

완벽함 대신 성장을 추구하자!

많은 사람이 처음부터 완벽해야 한다거나 실수하면 안 된다는 생각에 사로잡혀 있다. 하지만 모두가 언제나 완벽할 수는 없다는 것을 받아들여야 한다. 완벽함을 좇다 보면 도전조차 하지 못하거나 작은 실패에도 쉽게 무너질 수 있다. 실수는 배움의 기회이며, 시행 착오는 더 단단한 나를 만들어준다는 것을 기억하자. 그리고 완벽함이 아닌 성장에 집중하도록 하자.

그동안 현희에게 완벽함의 기준은 언니였다. 그러나 이제는 그 기준을 버리고 자신만의 성공 기준을 만들기로 했다. 하루 30분 공부하기, 전시 관련 책 읽기, 스크랩북 보충하기처럼 현희의 성향과 상황에 맞는 기준을 세우는 것이다. 이 기준은 '완벽에 가까워지는 것'이 아닌 '어제보다 더 나은 나'를 만드는 데 초점을 맞춘다. 매일 자신에게 맞는 목표를 세우고 달성하며 성취감과 발전하고 있다는 감각을 느끼도록 한다.

태연쌤의 진로 코멘트 나에게 맞는 기준을 세우고 하루 동안 실천해 봐. 하루를 마무리하며 성취 여부를 점수로 환산해 오늘의 점수를 매겨 보자.

현희의 이야기는 많은 청소년이 겪는 비교의 아픔을 여실히 보여준다. 하지만 현희는 그 속에서도 자신만의 특별함을 발견하고, 완벽하지 않아도 괜찮다는 것을 받아들이며 성장해나가는 모습을 보여주었다. 비교는 기쁨의 도둑이지만, 자기 자신을 아는 것은 진정한 행복의 시작이다.

변화는 천천히 일어난다. 때로는 두 걸음 나아가다 한 걸음 뒤로 물러설 수도 있다. 하지만 포기하지 않고 자신만의 속도로 걸어간다면 언젠가는 누구와도 비교할 수 없는 나만의 빛을 갖게 될 것이다.

"언니와 내가 다른 속도와 방향으로 성장하는 것은
자연스러운 일이구나!"

1. 나를 가장 '나답게' 만드는 순간은 언제일까?

2. 가족과 친구에게 없는 나만의 특별함은 무엇인가?

3. 지금 내가 마음껏 탐구하고 싶은 것은 무엇인가?

남들과 다른 꿈을 가지면 이상한가요?

저는 중학교 1학년 혜준이에요. 제 꿈은 버스 기사예요. 어릴 때부터 자동차를 좋아했는데, 그중에서도 버스, 트럭, 화물차처럼 커다란 차를 특히 좋아했어요. 그런 차를 운전하는 사람들에 대한 동경도 있었지요.

그러다 어느 날 버스를 탔는데, 기사님이 반대편 차로의 버스 기사님과 인사를 나누는 모습을 봤어요. 그 모습에 처음으로 버스 기사라는 직업에 관심이 생겼어요. 큰 차를 운전하려면 특별한 재능이나 뛰어난 능력이 필요하다고 막연하게 생각했는데, 차근차근 준비하면 저도 할 수 있을 것 같다는 생각이 들었거든요. 그 날부터 저는 버스 기사가 되는 방법을 알아보기 시작했어요.

버스 기사가 되려면 1종 운전면허와 버스 운전 자격증이 필요하다고 해요. 그래서 저는 고등학교를 졸업하는 대로 대학에 진학하지 않고 곧장 운전면허를 따서 마을버스 기사가 될 생각이에요. 경력을 쌓아 시내버스를 운행하고, 마지막에는 고속버스 기사가 되는 게 저의 최종 목표예요.

그런데 얼마 전 진로 시간에 잊지 못할 일이 있었어요. 돌아가며 자신의 꿈을 발표하던 중이었는데, 제가 버스 기사가 되고 싶다고 말하자 반 친구들이 약속이라도 한 듯 웃는 거예요. 그 순간 말문이 턱 막혔어요. 당황해서 농담이라고 얼버무리고 저도 함께 웃었지만, 사실은 마음이 무척 안 좋았어요. 집으로 돌아간 뒤에도, 며칠이 지난 지금까지도 그 순간이 계속 생각나요. 그 일을 계속해서 곱씹다 보니 점점 제 꿈이 부끄럽게 느껴져요.

혜준이는 며칠 전부터 자신의 마음 한편에 자리 잡은 의문을 해결하기 위해 상담실 문을 두드렸다. 자리에 앉은 혜준이는 얼마 전 진로 시간에 있었던 일을 상세히 이야기했다. 회계사, 드라마 프로듀서, 수의사 같은 멋진 꿈을 이야기하는 친구들 사이에서 버스 기사라는 꿈을 밝혔다가 놀림거리가 된 사건에 대해서 말이다.

이때까지 혜준이는 단 한 순간도 자신의 꿈을 부끄럽거나 하찮게 여기지 않았다. 그런데 그 일이 있고 난 뒤에는 마음이 자꾸 흔들렸다. 친구들의 웃음소리가 귓가를 떠나지 않았고, '내가 잘못된 꿈을 꾸는 건 아닐까?'라는 의심마저 들었다. 주변 사람들의 반응에 스스로 자신의 꿈에 대한 가치를 깎아내리게 된 것이다. 이야기를 마친 뒤에는 "선생님이 보시기에도 제 꿈이 이상한가요?"라고 물었다.

"꿈의 가치는 다른 사람들이 정하는 게 아니야. 그 일이 네 마음을 움직이고, 또 그 일을 통해 네가 성장할 수 있다면 충분히 가치 있는 꿈이야. 그 가치를 잘 모르는 사람들의 시선 때문에 꿈을 포기하지 않았으면 좋겠어."

그 말에 혜준이는 안도의 한숨을 내쉬었다. 꿈의 가치는 사회적 지위나 소득의 정도로 정해지는 것이 아니다. 타인의 꿈에 값을 매기고 평가할 권리는 누구에게도 없다. 화려하지 않아도 진심 어린 꿈은 그 자체로 소중하다. 다른 사람의 시선보다는 내 마음의 목소리에 귀 기울이고 작은 실천으로 확신을 키우며, 나를 응원하고 지지해줄 사람들과 함께하기를 바란다.

모든 꿈은 똑같이 소중하다는 것을 기억하자!

혜준이는 친구들의 반응 때문에 자신이 선택한 진로가 이상하다고 생각했다. 하지만 직업에는 높고 낮음, 좋고 나쁨이 없다. 어떤 사람에게는 소득이 높고 화려해 보이는 일이 최고의 진로일 수도 있지만, 다른 사람에게는 그렇지 않을 수 있다. 그러므로 진로를 선택할 때 중요하게 고려해야 하는 것은 사회적 시선이 아니라 자신의 마음이다. 내가 그 일을 진심으로 원하는지, 그것을 이루기 위해 얼마나 노력할 수 있는지 등을 고려한 선택이 최고의 선택이다.

버스 기사가 되겠다는 혜준이의 꿈은 절대 하찮지 않다. 버스 기사는 수많은 승객의 안전을 책임지며 이동을 편리하게 돕는, 우리 사회에 없어서는 안 될 존재 중 하나다. 회계사, 드라마 프로듀서, 수의사와 마찬가지로 세상을 돌아가게 하는 가치 있는 직업이다.

그러므로 혜준이가 자신의 진로 선택을 부끄럽게 여길 이유는 없다. 꿈의 크기를 재단하는 기준은 타인이 아니라 자신이 만든다는 사실을 기억하며, 나와 삶을 의미 있고 더 나은 방향으로 나아가도록 하는 것에 집중하자.

태연쌤의 진로 코멘트 하루에 한 번씩 꿈을 이룬 미래의 내 모습을 상상하며 "내 꿈은 소중해!"라고 소리 내어 말해봐.

구체적인 계획을 세워 꿈으로 향하는 길을 닦자!

진로를 확고하게 정했더라도 막연한 기대와 상상만으로는 쉽게 흔들릴 수 있다. 이럴 때는 성취를 위한 구체적인 계획을 세워 진로에 한 걸음 더 다가가자. 단순히 무엇을 해야 한다고 생각하는 게 아니라, 언제, 무엇을, 어떻게 실천할 것인지 정하는 것이다.

버스 기사가 되려면 먼저 1종 운전면허를 취득해야 한다. 그리고 취득일로부터 1년이 지난 후에 버스 운전 자격을 별도로 얻어야 한다. 자격을 갖췄다고 해서 곧장 고속버스 기사가 될 수 있는 것은 아니다. 업무 난이도와 강도에 따라 마을버스, 시내버스, 고속버스 순으로 나아가는 경우가 대부분이기 때문에 우선은 지역 버스 운수 회사에서 경력을 쌓아야 한다.

혜준이는 연령 제한으로 당장 운전면허 시험에 응시할 수 없지만, 만 18세가 되는 대로 면허를 취득하기 위해 미리부터 준비하기로 했다. 그리고 지금 살고 있는 동네에 위치한 운수 회사를 확인해 지원 자격과 채용 절차를 파악하기로 했다. 이렇게 계획을 세우며 여러 개의 작은 목표를 정하니 꿈으로 향하는 길과 더불어 자신의 마음까지 단단하고 선명해지는 것을 느꼈다.

태연쌤의 진로 코멘트 꿈을 이루기 위해 필요한 자격과 조건을 확인하고 실천 계획을 세워봐. 꿈은 행동으로 옮길 때 훨씬 선명해져!

내 꿈을 지지해줄 사람들을 찾자!

혜준이가 진로를 정하고 부모님에게 이야기했을 때, 어머니는 "네가 어떤 일을 하든 우리는 네 편이야."라며 따뜻한 응원의 말을 건넸다고 한다. 혜준이는 그 말에 용기를 얻어 자신의 꿈을 향해 나아갈 힘을 발휘할 수 있었다고 말했다.

이처럼 진심으로 나를 지지하고 응원하는 사람들과의 관계는 수많은 고난과 역경을 이겨낼 수 있는 힘을 준다. 꿈을 향한 길은 언제나 순탄하지만은 않다. 혜준이의 경우처럼 웃음을 살 때도 있고, 스스로 의심과 시험에 빠져들기도 한다. 그럴 때마다 나를 끌어올리는 것은 나의 가능성을 믿어주는 사람들이다.

혜준이의 꿈을 존중하고 응원하는 사람은 부모님뿐만이 아니었다. 담임 섬생님도 혜준이의 꿈을 지지했다. 그날 수업 시간에 있었던 일을 전해 들은 담임 선생님은 용기를 북돋아주며 고민이 있으면 언제든지 이야기하라고 말했다.

태연쌤의 진로 코멘트 꿈을 이루는 과정은 나를 응원하고 지지하는 사람들과 함께하는 여정이야. 마음을 열고 고민과 생각을 솔직하게 나눌 수 있는 사람이 누구인지 생각해봐.

혜준이는 아직 어리지만 이루고자 하는 목표와 나아가고자 하는 방향성이 분명했다. 친구들의 반응 때문에 한동안 마음을 숨겨야 했지만, 이제는 다르다. 중요한 것은 꿈의 외형이 아니라, 그 꿈을 대하는 진심과 태도라는 것을 알게 되었으니 말이다.

진로는 타인과 나를 비교하며 앞다퉈 나아가는 경쟁이 아니라, 나를 바로 알아가는 여정이다. 누군가에게는 그 길이 평범하고 보잘 것없어 보이더라도 내가 진심으로 대할 수 있는 일이라면, 그것만으로도 충분하다.

"남들보다 멋진 꿈을 가질 필요도,
그것을 인정받을 필요도 없어.
내가 진심으로 원한다는 사실만으로도 충분해."

1. 가장 자연스럽고 편안하게 나를 표현할 수 있는 순간은 언제인가?

2. 내 관심사를 누군가에게 설명할 때 가장 하고 싶은 말은 무엇인가?

3. 꿈을 이루기 위해 노력하는 나에게 전하고 싶은 메시지는 무엇인가?

엄마의 기대가 부담돼요

저는 고등학교 1학년 민서예요. 중학교 때까지 저는 수학을 잘하는 편이었어요. 시험에서 100점을 맞아 전교에서 수학 1등을 차지했던 적도 있지요. 그런데 고등학교에 와서 갑자기 성적이 확 떨어졌어요. 중학교 때와는 비교도 할 수 없을 정도로 내용이 어려워졌거든요. 그래서 중간고사도 기말고사도 모두 망치고 말았어요. 모의고사에서도 만족스럽지 못한 등급을 받았어요.

성적이 떨어진 것 자체도 문제지만, 진짜 문제는 엄마가 수학 선생님이라는 거예요. 다른 학교이긴 하지만 저와 같은 고등학생을 가르치는 엄마는 저의 성적 하락을 이해하지 못하세요. 시험지를 가져가면 "맞출 수 있는 문제였는데 틀렸다"며 실망한 기색을 보이고, 이제 겨우 1학년 1학기를 마쳤을 뿐인데 벌써 수능까지 망친 것처럼 이야기하세요. 좋은 점수를 받던 중학교 때의 제 모습만 기억하는 것처럼요.

제가 경영학과 지원을 희망한다는 것을 알아서 더 그런지도 몰라요. 엄마도 걱정되시는 거겠죠. 하지만 그런 말을 들으면 잘 해야 한다는 생각이 들기보다는 위축되기만 해요. 엄마의 기대를 충족시켜야 한다는 부담감에 밤에 잠도 잘 오지 않고 소화도 안 돼요. 머리가 깨질 듯 아파 두통약을 먹은 적도 있어요. 이런 상태로는 책상 앞에 아무리 오래 앉아 있어도 집중하기 어려워요. 매일 반복되는 걱정에 제가 고등학교 과정을 따라갈 능력이 안 되는 것은 아닐지 의심까지 들어요. 이런 이야기를 부모님께도, 친구들에게도 할 수 없어서 더 힘들어요.

민서의 어머니는 고등학교 수학 선생님이다. 민서와는 다른 학교에 계시지만 오랫동안 고등학생을 가르쳐 왔기 때문에 학교의 출제 경향과 학생들의 평균 수준을 꿰고 있다. 민서가 모르는 문제를 물어보면 직접 설명을 해주거나 시험 대비를 도와주기도 했다. 그래서인지 어머니는 민서의 갑작스러운 수학 성적 하락을 쉽게 받아들이지 못했다.

중학교 때까지만 해도 민서는 수학을 잘하는 편이었다. 시험만 봤다 하면 100점이었고, 사고력이 좋아 많은 학생이 어려워하는 서술형 문제에도 강했다. 그런 자신의 강점을 살려 경영학과에 진학하고 싶다는 꿈을 키우기도 했다. 어머니는 수학 과목에서 두각을 나타내는 민서를 기특하게 여기며 아낌없는 지지를 보냈다.

하지만 고등학교에 와서 성적이 눈에 띄게 떨어지자, 어머니는 실망한 기색을 감추지 못했다. 시험지에 적어놓은 풀이를 보면 아깝게 정답을 비껴간 경우가 많았기 때문이다. 공식을 좀 더 정확하게 숙지했다면 맞출 수 있는 문제도 있었다. 민서가 집에 시험지를 가지고 올 때마다 어머니는 안타깝고 속상한 마음에 쓴소리를 했다.

"엄마의 마음이 어떤지 저도 잘 알지만, 그렇게 이야기하실 때는 제가 모자란 사람이 된 것 같아요. 이대로 가다가는 엄마가 저를 실패작이라고 생각하게 될까 봐 무서워요."

그런 말을 하며 민서는 울먹였다. 그동안 쌓인 마음의 상처가 깊어진 모양이었다.

"민서야, 네가 공부를 열심히 하는 건 어머니를 기쁘게 해드리기 위해서니?"

그러자 민서는 무엇인가 잊고 있던 것을 떠올린 듯 탄식했다. 어머니의 반응을 신경 쓰느라 뒷전으로 미뤄두었던 자신의 목표가 생각난 것이다. 경영학과에 진학해 무역 회사에서 수출입 관련 업무를 하고 싶은 꿈 말이다.

마음의 경계선을 그리자!

민서는 어머니의 반응으로부터 많은 영향을 받고 있었다. 시험을 치를 때마다 돌아오는 가시 돋친 말과 실망이 역력한 표정은 민서의 마음을 위축시켰고, 스스로의 능력과 가능성마저 의심하게 만들었다. 그러나 어머니의 기대와 실망은 어디까지나 어머니의 마음일 뿐, 민서의 가치를 설명해주는 기준은 아니다. 그 사실을 받아들이고, 먼저 다른 사람의 마음이 나에게 그대로 덮쳐오지 않도록 경계를 세워 나의 마음과 타인의 마음을 구분해야 한다.

민서는 '엄마가 나를 걱정한다'라는 사실과 '내가 잘하지 못하고 있다'라는 불안을 혼동하고 있었다. 이 두 가지는 다르다는 것을 알아차리는 순간, 부담을 줄이고 자기 자신을 좀 더 객관적인 시각으로 바라볼 수 있게 된다. 어머니의 시선에서 벗어나 나의 마음을 들여다보고, 내가 정말로 원하는 목표와 배움의 과정을 찾아가는 것이다. 타인의 마음과 나의 마음을 구분할 수 있을 때, 민서는 부모의 기대에 눌린 학생이 아니라 스스로 길을 찾아가는 주체적인 아이가 될 수 있다.

태연쌤의 진로 코멘트 나에게 일어난 일, 즉 객관적 사실을 적고 거기

에 대해 스스로 평가해봐. 다른 사람의 의견을 참고하지 말고 내 생각

만을 적어야 해!

관계를 유지하며 내 마음을 지키자!

민서는 어머니와의 관계를 악화시키지 않으면서도 자신의 마음
을 지킬 방법을 배워야 했다. 먼저 어머니의 우려를 내 마음의 기준
으로 받아들이지 않는 연습이 필요하다. 또한 필요한 경우 적절한
도움을 요청할 줄도 알아야 한다. 그 첫 번째 걸음은 내 마음을 표
현하는 데서부터 시작한다.

민서는 작은 표현부터 시작해보기로 했다. 어머니와 성적에 대해
이야기할 때 "엄마 말씀은 이해했어요."라는 말로 대화를 이어가는
것이다. 자신의 주장을 내세우기 전에 상대의 의견을 존중하는 태도
를 보이는 대화 방식이다. 그런 다음에는 "이런 부분은 엄마가 도와
주시면 좋겠어요." 하고 도움을 요청하기도 했다. 어머니가 고등학교
수학 선생님이라는 이유로 부담을 느끼지만, 도움을 받을 수 있는
부분도 분명히 있다. 민서는 그 지점을 적극 활용하기로 했다. 자신
이 어떤 부분에서 어려움을 겪는지 드러내는 동시에 전문가의 조언
을 구해 성적까지 향상시키는 것이다.

작은 성취를 함께 나누자!

민서는 어머니의 기대에 압박을 느끼며, 어머니가 원하는 것이 '수학 성적을 올리는 것'이라고만 생각했다. 하지만 어쩌면 어머니가 진정으로 바라는 것은 '작은 실패에도 포기하지 않고 조금씩 성장하는 모습'인지도 모른다. 그렇다면 성적 향상에만 집중하기보다 노력과 성취의 과정을 함께 나누는 것이 더 효과적일 수도 있다.

예를 들어, "이번 수행평가를 통해 이차방정식과 이차함수를 완벽하게 이해했어요."라거나, "오늘 푼 연습 문제에서는 어제보다 오답이 적게 나왔어요."처럼 작고 구체적인 변화를 이야기하는 것이다. 그러면 어머니는 포기하지 않고 노력하는 민서의 모습을 확인할 수 있고, 민서는 자신을 짓누르던 커다란 부담감에서 벗어나 자신감을 회복할 수 있다.

여름방학을 마치고 2학기를 시작한 민서는 곧 치러질 중간고사 준비로 바쁜 나날을 보내고 있다. 여전히 수학 점수에 대한 걱정이 깊고 공부하는 과정에서 많은 어려움을 겪고 있지만, 전처럼 어머니의 기대와 걱정에서 비롯된 중압감에 시달리지는 않는다. 이제 민서는 경영학과 진학이라는 큰 목표를 앞에 두고 자신의 꿈을 이루기 위해 공부한다. 필요한 경우 전문가인 어머니께 도움을 청하기도 하고, 자신의 마음을 표현하는 연습도 꾸준히 이어가고 있다.

"다른 사람의 감정을 떠안으려 하지 말고,
나의 감정을 더 세심하게 들여다보자."

1. 내 주변에서 나에게 무언의 기대를 보내는 사람이 있다면 누구일까? 그 기대가 진짜 그 사람의 마음일까, 아니면 스스로 느끼는 부담일까?

2. 어떤 사람의 말이나 행동이 나를 가장 흔들리게 만드는가? 나는 그 사람의 감정과 내 감정을 구분할 수 있는가?

3. 타인을 실망시키지 않으려고 숨기고 있는 진짜 마음이나 고민이 있다면 무엇일까?

다들 괜찮아 보이는데,
나만 비정상인 것 같아요

저는 중학교 2학년 은명이에요. 몇 달 전에 첫 중간고사를 치렀는데, 시험지를 받자마자 갑작스레 극심한 불안감에 손이 떨리고 머릿속이 하얘져서 문제를 제대로 읽을 수가 없었어요. 결국 시험을 끝까지 치르지 못하고 교실에서 나왔어요.

처음에는 시험에 대한 부담감 때문에 그런 일이 생겼다고 생각했어요. 하지만 얼마 지나지 않아 시험을 보지 않을 때도 같은 증세를 보였어요. 수업을 듣거나 공부를 하기 위해 책상 앞에 앉으면 정체를 알 수 없는 불안함이 저를 덮쳐 왔어요. 시간이 조금 더 흐른 뒤에는 글자를 읽어도 내용을 이해할 수 없었고, 일정 시간 이상 앉아 있기도 힘들 정도로 상태가 악화되었어요. 한 시간에도 몇 번씩이나 교실을 들락날락해야 했지요.

이대로는 도저히 공부를 하기가 어려워 병원을 방문했고, 여러 가지 검사를 통해 심한 시험 불안증과 학교 부적응을 겪고 있다는 것을 알게 됐어요. 약을 복용하고 상담을 진행하며 학업을 이어가려 했지만, 그마저도 쉽지 않았어요. 그래서 부모님과 상의하여 학교를 그만두고 지금은 집에서 혼자 공부하며 검정고시를 준비하고 있어요.

학교를 그만두고 공부와 시험에 대한 부담감에서 벗어나게 되었어요. 하지만 정해진 시간에 등교를 하고 교실에 모여 수업을 듣는 친구들의 이야기를 들을 때면 덜컥 겁이 나요. 이대로 뒤처지고 친구들에게도 잊히게 될까 봐요. 다른 친구들은 멀쩡한데 저에게만 이런 일이 일어난 게 억울하고 화가 나기도 해요. 이런 마음을 부모님께도 솔직하게 털어놓을 수 없어요. 제가 이런 상황을 처음 겪는 것처럼 부모님도 처음이라 많이 당황스러우실 테니까요. 매일 깜깜한 터널 안을 걷는 것처럼 너무 막막해요.

건강상의 문제로 학교를 그만둔 은명이는 홈스쿨링을 하고 있었다. 몇 달 전에 갑작스레 나타난 시험 불안 장애를 비롯한 여러 문제 때문이었다. 정해진 시간에 맞춰 수업을 듣거나 짧은 글을 읽는 것조차 힘들었고, 병원에 가도 명확한 원인은 알 수 없었다. 의사는 지속적인 약물 복용과 상담을 통해 치료가 가능하다고 했지만, 학교에 다니며 수업을 따라가기에는 무리가 있었다. 결국 은명이는 부모

163

님과의 상의 끝에 학교를 그만두기로 했다.

하지만 진짜 문제는 학교를 그만둔 뒤부터 시작됐다. 자신은 아침부터 저녁까지 집에만 있고 전처럼 온종일 공부를 하지도 않는데, 친구들은 늘 그랬듯 밤늦게까지 학원에 다니며 주말에도 숙제와 수행평가로 눈코 뜰 새 없이 바쁜 일상을 살고 있는 것이었다. 그 차이를 인식하자 은명이에게는 또 다른 불안함이 엄습했다. 이대로 뒤처진 삶을 살며 친구들에게도 잊힐지도 모른다는 불안함이었다. 그런 마음은 '왜 나에게만 이런 일이 생긴 걸까?' 하는 억울함으로 번져 은명이를 더 괴롭게 만들었다.

은명이는 자신의 상태를 받아들이기 어려워했다. 인터넷이나 미디어에서나 봤던 일이 다른 누구도 아닌 자신에게 벌어졌기 때문이다.

"은명아, 학교라는 틀이 모든 사람에게 맞는 건 아니야. 네게 맞는 다른 길을 찾는 것도 용기 있는 선택이야. 그러니 이 시간을 자책하는 데 사용하기보다는 회복의 기회로 삼으면 어떨까?"

아픔을 있는 그대로 받아들이자!

은명이를 괴롭히는 가장 큰 고민은 '다른 친구들은 괜찮은데 왜 나만 이런 걸까?'라는 생각이었다. 친구 중에는 자신처럼 심한 불안을 겪어 학업을 이어가기 어려운 경우가 없었다. 은명이보다 더 오랜 시간 공부하고, 더 많은 학원에 다니는 친구조차도 아무런 탈 없이 잘 지냈다. 그런데 자신에게만 갑작스레 이런 일이 생기니 우울감과 무력감에 빠져들게 된 것이다.

그러나 마음의 병은 누구에게나 생길 수 있다. 게다가 실제로는 은명이 외에도 많은 청소년이 비슷한 증세를 호소하고 있다. 은명이뿐만 아니라 모든 청소년이 학업과 진로에 대한 부담을 경험하고 있기 때문이다. 단지 아픈 것을 내보이기 어려운 사회적 분위기 때문에 겉으로 드러나지 않는 경우가 많을 뿐이다.

그러니 스스로를 비정상적인 존재로 여기기보다는 아픔을 있는 그대로 받아들이고, 이 시간을 회복의 기회로 삼는 것이 좋다. 마음의 소리에 귀 기울이며 내가 진짜 원하는 것을 찾아가는 것이다.

태연쌤의 진로 코멘트 각 지자체에서는 학교에 다니지 않는 청소년을 위한 '학교 밖 청소년 지원 센터'를 운영하고 있어. 그곳에 가면 여러 이유로 학교에 다니지 않는 또래 친구들을 만나 이야기를 나눌 수 있고, 다양한 경험과 추억을 쌓을 수도 있어!

마음을 표현하며 함께 걸어가자!

은명이는 자신의 병이 부모님께 부담이 될 것 같다는 생각에 속마음을 털어놓지 못했다. 이런 상황은 자신뿐만 아니라 부모님도 처음 겪기 때문이다. 부모이고 어른이라는 이유로 덤덤한 체하지만, 사실은 자신만큼이나 부모님도 당황스럽고 힘든 시간을 보내고 있다는 것을 은명이는 알고 있었다.

하지만 마음의 병은 덮어두고 감춘다고 해결되는 것이 아니다. 오히려 더 드러내고 별일 아닌 것처럼 대해야 개선되는 경우가 많다. 지금 나의 기분과 상태가 어떤지 정확히 표현하고, 적극적으로 도움을 요청하며 함께 해결 방법을 찾는 것이다. 부담을 주고 싶지 않다는 마음에서 감정을 숨기고 혼자 짊어지려 하면 오해가 생기기 마련이다. 활발한 소통을 통해 혼자가 아니라는 사실을 확인하자. 내 편이 있다는 확신을 얻는 순간 불안의 농도가 옅어지며 마음의 터널에 희미한 불빛이 비치기 시작할 것이다.

태연쌤의 진로 코멘트 하루에 한 번씩 부모님께 나의 몸과 마음의 상태를 표현해봐. "오늘은 어제보다 식욕이 돋아요", "밤에 잠을 이루기가 힘들었어요."와 같이 간단한 말로도 충분해.

일상 속 회복 리듬을 만들자!

또래 친구들과 다른 환경에서 생활하는 은명이는 혼자만 뒤처지고 있는 것일지도 모른다는 생각에 자주 불안해졌다. 친구들은 모두 대학에 진학하거나 직업 활동을 하며 어엿한 사회인으로 성장하는 가운데, 자신만 제자리에 멈춰 있는 모습을 자주 떠올리곤 했다. 하지만 은명이가 한 가지 잘못 알고 있는 것이 있다. 어떤 목표를 향해 나아가는 데 있어 중요한 것은 속도가 아니라 방향이라는 것이다. 그러니 지금 은명이에게 필요한 것은 속도를 맞추려고 무리하게 달리는 게 아니라 자신에게 맞는 방향을 찾고 리듬을 만드는 것이다.

삶의 리듬은 거창한 실천으로 만들어지는 것이 아니다. 매일 반복할 수 있는 작은 루틴에서 시작된다. 예를 들어, 아침에 일어나면 이부자리 정리하기, 10분간 독서하기, 점심 식사 후 산책하기 같은 간단한 일들을 매일 수행하는 것이다. 이처럼 루틴을 지키면 성취감이 쌓이는데, 그것이 자신감을 되찾는 밑거름이 된다.

태연쌤의 진로 코멘트 공부를 할 때는 공부 계획표를 활용해봐. 실천이 가능한 계획을 세우고 실행 여부를 표시해 성취도를 눈으로 확인할 수 있게 만드는 게 포인트야!

은명이는 여전히 학교 바깥에서의 생활을 이어가고 있지만, 전처럼 매일을 불안에 떨며 보내지는 않는다. '학교 밖 청소년 지원 센터'에서 새로 사귄 친구와 다양한 지원 프로그램에 참여하며 마음을 돌보고, 학교 친구들과는 새로운 소식과 공부에 도움이 되는 정보를 공유하며 원만한 관계를 유지하고 있다.

"마음의 병은 누구나 겪을 수 있는 일이야.
이 시간을 나를 돌보는 기회로 삼자."

1. 나를 가장 불안하게 하는 것은 무엇일까?

2. 내 마음이 편안해지는 순간은 언제일까?

3. 오늘 내가 이룬 가장 작은 성취는 무엇일까?

진짜 나를 보여줄 때 진정한 소통이 시작돼

> ## C.H.O.I.C.E

- **C** **Courage** (용기 내기)
- **H** **Honesty** (솔직하기)
- **O** **Originality** (독창성 키우기)
- **I** **Independence** (독립성 갖기)
- **C** **Compassion** (공감하기)
- **E** **Empowerment** (힘 얻기)

모든 갈등에는 제3의 CHOICE가 있다

나와 타인 중 하나를 포기해야 한다는 건 착각이야. 둘 모두를 위한 선택지가 반드시 있어.

CHOICE는 한 번에 끝나지 않는다

인생은 선택의 연속이야. 지금 완벽한 선택을 하지 못해도 얼마든지 바꿔나갈 수 있어.

가장 어려운 CHOICE가 나를 가장 성장시킨다

편한 선택보다는 용기가 필요한 선택이 우리를 더 단단하게 만들어. 갈등을 피하지 말고 현명하게 대처하자.

LIM YUN CHAN

4장

혼란스러운
내 마음이 너무 힘들어!

천재 피아니스트, 임윤찬

일곱 살에 피아노를 시작한 임윤찬은 어린 나이에도 음악적 재능을 인정받아 각종 콩쿠르에서 활약했다. 스승 손민수 피아니스트를 만난 이후 2022년 〈반 클라이번 국제 피아노 콩쿠르〉에서 우승하며 대체 불가한 피아니스트로 자리매김했다.

음악 영재 아카데미

꿈이 시작된 순간은
생각보다 가벼운 끌림이었다.

고등학교 진학도 포기하고
음악에만 몰두했다.

다양한 곡을 자유롭게
연주하고 싶어!

앞으로도 옛 작곡가들이 남긴
훌륭한 유산을 더 깊이 있게
연주하고 싶습니다.

2022년, 반 클라이번
국제 피아노 콩쿠르 대회 1위!

실패한 이후 도전이 두려워졌어요

저는 고등학교 1학년 주은이에요. 작년에 외고에 지원했다가 떨어져서 일반고에 진학했어요. 결과 발표를 보고 믿기지 않아 입을 다물지 못했어요. 정말 열심히 준비했거든요. 그런데 불합격이라니, 결과를 받아들이기 싫었어요. 부모님께서는 결과보다 열심히 노력한 과정이 중요하다며 위로해주셨지만, 저는 자신감이 떨어져 '역시 내 실력으로는 안 되는구나……' 하고 생각했어요. 부모님과 친구들 보기가 창피하기도 했어요.

문제는 그 일을 기점으로 새로운 걸 시도하는 게 두려워졌다는 거예요. 얼마 전에 영어 토론 동아리에서 신입을 모집한다고 공고를 냈어요. 관심 있는 분야라 지원해보고 싶은데 막상 지원서를 쓰려니 '혹시 망하면 어떡하지?'라는 생각만 들었어요. 주변에서는 별일 아니라는 듯 한번 해보라고 하지만, 결국 겁이 나서 지원하지 못했어요. 이렇게 어떤 일이든 시작도 하기 전에 망설

175

이는 제 모습이 겁쟁이 같고 싫어요. 하지만 실패에 대한 부담감 때문에 새로운 것을 도전하기 힘들어요.

상담을 요청한 주은이 어머니는 올해 들어 부쩍 주은이가 "실패하면 어떡해?"라는 말을 자주 한다고 했다. 작년까지는 관심 가는 일이라면 이것저것 시도해보는 호기심 많은 아이였는데 말이다.

상담실에 들어온 주은이의 표정이 어두웠다. 고등학교 생활이 어떤지 묻자 나쁘지 않다는 대답이 돌아왔지만, 주은이는 하고 싶은 말이 따로 있는 듯 움찔거렸다. 그런 주은이를 잠시 기다려주자 이내 다시 입을 열었다. 하루하루를 겁쟁이처럼 보낸다는 것이었다.

어떤 일이든 시작하기 전에 '또 망치면 어떡하지?'라는 걱정이 앞선다고 했다. 주은이의 말로는 작년 겨울에 외고 입학전형에 떨어진 뒤부터 그랬다는 것이다. 기대를 안고 정말 열심히 준비했는데 떨어져서 충격이 컸다고 말했다. 그 일로 자신감을 잃어버린 탓에 무엇인가 시작하거나 도전하기로 마음먹는 일이 어려워졌다. 그래서 최근에는 관심 있던 영어 토론 동아리 지원도 포기했다. 학급 반장 선거에도 나가보고 싶었지만 역시나 하지 않았다. '어차피 안 될 텐데 시간 낭비하지 말자.'라는 마음이 주은이를 집어삼켰다. 처음부터 도전하지 않으면 실패할 일도 없을 테니까.

"도전하지 않으면 실패할 일도 없지만, 성공할 일도 없잖아?"

그렇게 반문하자 주은이는 머리를 한 대 얻어맞은 사람처럼 멍해졌다. 실체 없는 두려움으로 인해 그동안 자신이 얼마나 많은 기회를 놓치고 있었는지 깨달은 것이다. 동시에 자신을 이토록 망설이게 한 두려움이란 도대체 무엇인지 궁금해졌다.

주은이처럼 실패에 대한 두려움에 스스로를 가둔 청소년이 많다. 실패로 인한 좌절의 경험이 쌓이면 그것이 성향으로 굳어져 성인이 된 이후의 삶에도 지대한 영향을 미친다. 그러므로 적절한 시기에 두려움의 실체를 파악하고 자기 자신에 대한 믿음을 단계적으로 회복하는 과정을 거쳐야 한다. 마주하기 어려워 회피하기만 했던 감정의 내면을 구체적으로 들여다보면 해결의 실마리를 찾게 될 것이다.

두려움을 마음 바깥에 꺼내놓자!

주은이를 괴롭히는 것은 '실패할지도 모른다'라는 실체 없는 불안이다. 우리는 이것을 마음 밖으로 끄집어내 눈에 보이게 만들기로 했다. 방법은 간단했다. 어떤 일을 도전했을 때 일어날 수 있는 나쁜 상황을 단계적으로 떠올리고 종이에 적는 것이다.

주은이는 영어 토론 동아리에 지원했을 때 일어날 수 있는 일을 합격 시와 불합격 시로 나누어 적기 시작했다. 먼저 합격했을 때는 내성적인 성격 탓에 토론 활동에 적극적으로 참여하지 못할 것이다. 그러면 다른 부원들에게 안 좋은 인상을 남기게 되고, 두 번째 모임부터는 참여하기 싫어질지도 모른다. 어쩌면 한 달도 버티지 못하고 그만둬 친구들에게 "벌써 포기한 거야?"라는 농담 섞인 이야기를 들을 수도 있다. 반대로 합격하지 못했다면 2순위로 생각해두었던 봉사 동아리에 들 것이다. 얼마간은 아쉬움을 떨치기 어렵겠지만, 새로운 활동에 집중하다 보면 실패의 감각은 금방 잊힐 거였다.

주은이는 이 내용을 모두 종이에 적었다. 그리고 처음부터 순서대로 훑어봤다. 글을 다 읽고 든 생각은 '그래서 어쨌다고?'였다. 성공하면 성공한 대로, 실패하면 실패한 대로 결과를 받아들이고 주어진 환경 안에서 새로운 길을 찾아갈 자기 모습이 보였다.

태연쌤의 진로 코멘트 가장 두려운 상황을 구체적으로 써봐. 나를 망설이게 했던 걱정과 불안이 실제로는 별것 아니라는 걸 알게 될 거야.

내 인생 실패 앨범을 만들자!

실체 없는 두려움을 시각화한 뒤 주은이는 조금 더 용기를 내 자신의 실패 경험을 마주하기로 했다. 주은이는 아주 어렸을 때로 거슬러 올라가 크고 작은 실패의 흔적을 찾아냈다. 그런 다음 자신이 내린 결정과 그로 인한 결과, 그리고 그 이후의 상황을 적어 나갔다.

주은이가 찾아낸 가장 이른 실패의 경험은 초등학교 저학년 때 웅변대회를 망친 일이었다. 많은 사람 앞에 서는 일이 익숙하지 않았던 주은이는 엄마의 손에 이끌려 참가하게 된 웅변대회에서 준비한 원고를 끝까지 발표하지 못하고 도망치듯 무대를 내려왔다. 이후에 어머니에게 아쉽다는 말을 듣긴 했지만 그뿐이었다.

중학교 때는 기술가정 시간 과제로 뜨개질을 하다가 망쳐버린 일이 있었다. 난생처음 해보는 대바늘 뜨개질에 좀처럼 익숙해지지 않아 자꾸만 코를 빠뜨렸고, 나중에는 걷잡을 수 없이 모양이 망가져 처음부터 다시 시작해야 했다. 힘들게 만든 것을 다 풀고 다시 해야 한다니 짜증 나고 한숨이 나오기도 했지만, 여러 번의 시도 끝에 결국은 작품을 완성했다.

당시에는 엄청난 실패라고 생각했지만, 써놓고 보니 별것 아닌 일들이었다. 구태여 떠올리지 않았다면 영원히 기억 저편에 묻어두었을지도 모를 정도로 이제는 희미해진 기억이었다. 그런 식으로 이미 기억 속에서 사라져버려 떠올리려 애써도 떠오르지 않는 일도 많을 것이다. 주은이는 잠시 고민하다가 '외고 입학전형 불합격'을 마저 적었다. 아직 실패의 감각을 떨쳐내고 다음 단계로 나아가지 못했다는 생각에 '이후의 상황'은 비워두었지만, 머지않아 채울 수 있을 것이라는 확신이 들었다.

태연쌤의 진로 코멘트 힘들었던 경험과 그때 얻은 것을 적어봐. 실패 또한 나를 단단하게 만들어주는 소중한 경험이라는 사실을 발견하게 될 거야.

아주 작은 첫걸음을 디자인하자!

실패 앨범을 만든 뒤, 주은이는 망설이다가 지원하지 않은 영어 토론 동아리에 미련을 보였다. 지원 마감까지 아직 시간이 있었지만, 선뜻 행동으로 옮기기에는 여전히 부담이 컸다. 동아리 활동은 보통 1년 단위로 바꾸거나 이어 가는데, 주은이는 그 긴 시간 동안 한결같은 자세로 잘해 낼 자신이 없었다. 그런 주은이의 모습을 본 친구가 앞으로 사흘 동안 신입생을 위한 동아리 체험 활동이 진행

된다는 정보를 알려줬다. 주은이는 고민 끝에 '좋으면 하고, 아니면 말고'라는 마음으로 체험에 참여하기로 결심했다.

그렇게 시작한 동아리 체험 활동은 기대보다 훨씬 재미있었다. 흥미로운 주제와 선배들의 뛰어난 진행 실력 덕분에 처음인데도 어렵지 않게 토론에 참여할 수 있었다. 남들 앞에 나서기 어려워하는 성격에도 적극적으로 토론에 참여한 덕에 구성원들로부터 칭찬을 들었다. 체험이 끝난 후에는 동아리 부장으로부터 가입 권유를 받기도 했다. 주은이가 지원을 고민하고 있는 이유를 이야기하자, 그녀는 우선 부담 없이 한 학기만 참여해도 괜찮다고 말했다. 그 말에 주은이는 용기를 얻고 그날부터 바로 지원서를 작성하기 시작했다.

태연쌤의 진로 코멘트 큰 도전을 아주 작은 조각들로 나눠봐. 실패해도 아프지 않을 정도로 작은 일부터 시작하면 어떤 일이든 부담 없이 도전할 수 있어!

지금도 주은이는 새로운 도전을 하고 있다. 여전히 실패가 두렵고, 끝내 해소되지 않은 막연한 불안에 휩싸여 포기하고 싶은 마음이 들기도 한다. 하지만 주은이는 아주 조금씩 달라지고 있다. 걱정과 두려움이 앞설 때면 '나는 구체적으로 뭘 걱정하는 거지?', '이 경험을 통해 무엇을 얻을 수 있을까?' 같은 질문을 먼저 던진다. 주은이의 여정은 실패를 완벽히 극복하는 성공 스토리가 아니다. 때로는 멈추거나 물러서기도 하는 불완전한 변화의 과정이다. 하지만 주은이는 그 과정에서 실패와 함께 나아가는 방법을 배우고 있다.

"실패는 끝이 아니라 새로운 시작이구나!
구체적으로 생각하고, 작은 것부터 시작하면
어떤 도전도 해볼 만해."

1. 실패가 무서울 때 내 몸과 마음에서 느껴지는 변화는 무엇일까?

2. 과거의 실패에서 나는 무엇을 배웠을까?

3. 완벽하지 않아도 괜찮다고 느꼈던 경험을 말해보자.

4. 지금 시도하고 싶은 작은 도전이 있다면 말해보자.

완벽하게 할 수 없다면
차라리 안 할래요

저는 중학교 3학년 수영이에요. 저는 완벽주의 성향이 강한 편이에요. 뭐든지 한번 시작하면 끝을 봐야 하는 성격이고, 대충 하는 것은 용납할 수 없어요. 여건이 되지 않아 어느 정도는 포기하고 넘어가야 하는 상황에도 그럴 수 없어 무리할 때가 많아요. 항상 완벽을 추구하는 성향이 꼭 좋은 것만은 아니라는 걸 잘 알지만 쉽게 고쳐지지 않아요.

공부할 때도 마찬가지예요. 개념이나 풀이 과정이 이해되지 않으면 다음으로 넘어갈 수 없어요. 끝까지 파고들어서 완전한 내 것으로 만들어야만 해요. 왜 이런 공식이 나왔는지, 어떤 원리로 이런 결과가 도출되는지 확인해야 직성이 풀려요. 하지만 이런 식으로 공부하다 보니 하루에 공부할 수 있는 분량이 적어서 진도를 따라잡을 수 없어요. 시험을 볼 때도 완벽주의 성향이 발현되어 낭패를 본 적이 있어요. 조금만 더 하면 풀 수 있다는 생각에 한 문제를 15분 넘게 붙잡고 있었거든요. 결국 난이도가 낮은 다른 문제에는 손도 대지 못하고 시험이 끝나 50점을 받았어요.

요즘은 진로 탐색에도 애를 먹고 있어요. 하고 싶은 일이 없는 것은 아니지만, 완벽하게 잘 해낼 수 있는 일이 없거든요. 성적이나 경험 등이 한 가지라도 부족하면 시작할 마음이 생기지 않아요. 다른 친구들은 '일단 시작하고 부족한 부분은 보충해 나가면 된다'고 말하지만, 저는 그럴 바에는 차라리 시작하지 않는 게 낫다고 생각해요. 뭐든 제대로 해내지 않으면 찝찝하잖아요? 하지만 부모님과 선생님은 이런 제 마음가짐을 바꿔야 한다고 하세요. 그러지 않으면 앞으로 살아가기 힘들 거라면서요. 그런데 그게 말처럼 쉽지 않아요.

'모르는 문제는 빨리 넘어가라', '일단 시작해보고 문제가 생기면 그때 대처해라'라는 부모님과 선생님들의 조언이 수영이에게는 오히려 부담이 되었다. 하나를 하더라도 제대로, 완벽하게 해야 직성이 풀리는 수영이의 성향 때문이었다. 완벽하지 않은 상태로 시작하거나 풀 수 없는 문제를 넘기면 계속해서 뒤를 돌아보느라 앞으로 나아갈 수 없었다.

그런 성향이 언제나 좋은 결과를 내지만은 않는다는 것을 수영이는 경험을 통해 배웠다. 2학년 수학 시험에서 풀리지 않는 한 문제를 끈질기게 붙잡고 있던 탓에 다른 문제를 놓친 것이다. 결과는 처참했다. 살면서 처음으로 50점이라는 점수를 받게 된 것이다. 하지만 수영이는 시간을 돌려 시험을 다시 치른대도 자신이 같은 선택을 할 것이라는 걸 알았다. 그래서 문제를 개선하기가 더욱 어려웠다.

"완벽함을 추구하고 싶은 네 마음은 이해되지만, 항상 그렇게 살아갈 수는 없어. 누구보다도 네가 잘 알거라고 생각해."

수영이는 고개를 끄덕였다. 수영이는 자신을 조금 더 관대하게 바라보는 법을 배우고, 완벽을 추구하면서도 상황에 맞게 조절하는 방법을 익혀야 했다. **'어떤 일이든 완벽하게 해내려는 마음은 나의 장점이지만, 때로는 그 마음을 내려놓고 현실과 타협해야 한다'는 깨달음은 수영이를 한층 성숙하게 만들 것이다.**

목표를 낮추고 눈앞의 성취에 집중하자!

자신의 문제를 정확히 파악하고 있는 수영이에게 '너의 상태를 있는 그대로 받아들여라'와 같은 조언은 아무런 효과가 없다. 수영이에게는 보다 실질적이고 실천적인 대책이 필요하다.

먼저 지나치게 높은 목표를 실행이 가능한 수준까지 끌어내려 눈앞의 과제와 성취에 집중해야 한다. 가령 하루 동안 한 단원을 완벽히 익히겠다는 목표보다는 그 단원 속 특정 주제를 완벽히 이해하겠다는 목표를 설정하는 것이다. 처음에는 하나의 주제에서 시작해 점차 학습량을 늘려가야 한다. 작은 성공 경험을 쌓아가며 자기 효능감을 회복하고, 더 큰 목표를 향해 나아갈 수 있는 힘을 얻는 것이 우선이다.

그런 다음에는 '지금 내가 할 수 있는 것'에 주목하려는 노력이 필요하다. 1년 뒤나 10년 뒤 같은 먼 미래를 걱정하고 대비하기보다는 오늘 하루를 충실하게 보내는 데 집중하는 것이 좋다. 그렇게 쌓아 올린 오늘이 모여 내일을 만들고, 또 10년 뒤의 나를 만든다는 걸 깨닫게 될 것이다.

태연쌤의 진로 코멘트 매일 그날의 목표를 세우고 실천 여부를 표시해 봐. 단, 목표는 반드시 이뤄낼 수 있을 정도로 간단한 것이어야 해.

상황별로 학습 모드를 나누자!

수영이에게 작은 실험을 제안했다. 평소에는 수영이의 방식을 유지하되, 일주일 중 하루는 '시험 모드'를 적용해보는 것이다. 시험을 치르듯 시간에 제한을 두고 모르는 문제를 넘기며 풀 수 있는 것부터 해결하는 연습이다. 물론 처음에는 쉽지 않을 것이다. 그동안 방법을 몰라서 행동으로 옮기지 못했던 것이 아니니까. 하지만 상담을 통해 변화를 만들기로 결심한 만큼, 이번에는 수영이의 다짐도 남달랐다.

시작은 시험 시간과 동일한 50분이었다. 50분 동안 주어진 문제를 풀되, 모르는 것은 과감히 넘긴 뒤 남은 시간에 다시 살펴보기로 했다. 이때 수영이가 활용한 방법은 풀이 구상 단계에서 막힐 것이 보이는 경우 그 이상 풀이를 전개하지 않고 넘어가는 것이다. 가능한 '시작하지 않은' 것에 가까운 상태를 유지함으로써 실패했다는 인상을 남기지 않는 방법이다.

완벽히 해결하지 못한 문제를 지나쳐야 한다는 생각에 처음에는 풀이에 집중하기 어려웠지만, 몇 차례 반복하다 보니 점차 그 환경에 익숙해졌다. 게다가 평상시 모드와 시험 모드를 구분하여 운용할 수 있는 몸을 갖게 되었다. 공부할 때는 깊이 파고들어 완벽히 이해하는 방식을 유지하되, 속도를 높여야 할 때는 효율을 우선시하도록 몸의 상태를 바꾸는 것이다.

태연쌤의 진로 코멘트 여러 가지 모드를 운용하는 데 익숙해지면, 상황에 따라 다르게 대처할 수 있는 유연한 문제 해결 능력이 생겨!

과정 자체를 성과로 인정하자!

수영이의 가장 큰 고통은 완벽하지 못할 때 느끼는 압도적인 스트레스였다. 하지만 삶의 모든 과정이 언제나 완벽할 수는 없다. 그래서 완벽한 결과보다는 그 결과를 만들어 내는 과정에서 얻은 부산물이 진짜 성과라는 사실을 인지하고 받아들여야 한다.

예를 들어, 수학 문제를 풀다가 정답에 도달하지 못했더라도 새로운 풀이 방법을 고민한 흔적이 남아있다면 그것만으로도 완벽에 가까운 성과를 냈다고 인정하는 것이다. 또, 체육 시간에 줄넘기 2단 뛰기 수행평가를 할 때는 만점이 아니라 자신의 성취 정도를 기준으로 삼을 수 있다. 이렇게 나만의 기준에 맞춰 과정 자체를 성과로 인정하는 연습을 하면, 결과의 압박에서 벗어나 가벼운 마음으로 새로운 도전을 이어갈 수 있다.

태연쌤의 진로 코멘트 오늘 성취한 일과 그것이 성취인 까닭을 함께 말해봐.

수영이는 여전히 깊이 있게 공부한다. 완벽하게 이해하고 싶은 마음도 여전하다. 하지만 예전과는 생각이 달라졌다. 이제 수영이는 자신의 완벽주의적 성향을 소중한 특성으로 받아들이고, 상황에 맞게 학습 방식을 조절하며, 스트레스가 올 때 스스로 마음을 돌볼 수 있게 되었다. 한 문제에 막혔을 때도 '이건 나중에!'라고 생각하며 넘어갈 수 있게 되었다. 수영이는 완벽주의를 탈피하지는 못했지만, 그것을 현명하게 다루는 방법을 배웠다.

"완벽주의는 내 적이 아니라 친구야.
상황에 맞게 속도를 조절하며 함께 걸어가면 돼."

1. 완벽해야 한다는 압박을 가장 많이 느끼는 순간은 언제인가?

2. 완벽주의 때문에 포기했던 도전이나 꿈이 있다면 무엇일까?

3. 지금까지 내가 시도했던 것 중에서 '이 정도면 완벽하다'고 인정할 수 있는 과정은 무엇인가?

자신 있게 할 수 있는 게
아무것도 없어요

저는 중학교 3학년 희수예요. 어릴 때부터 수영, 태권도, 피아노, 미술, 독서 등 다양한 것을 배웠어요. 지금도 수학, 영어, 과학, 논술 학원에 다니고 있고요. 무언가를 배우고 경험하느라 제대로 쉴 시간조차 없을 정도예요. 하지만 그게 힘들지는 않아요. 배우는 과정이 재미있고, 점점 실력이 느는 제 모습을 발견하는 게 좋거든요.

하지만 중학생이 되면서 고민이 생겼어요. 이것저것 할 줄 아는 것은 많지만 잘하는 것은 없다는 거예요. 수영을 할 줄은 알지만 기록을 내지는 못해요. 태권도도 검은 띠를 따긴 했지만 단수가 높지 않아요. 피아노는 발표회에 나갈 정도만, 미술은 딱 취미 수준으로만 할 줄 알아요. 공부도 마찬가지예요. 언제나 높지도 낮지도 않은 어중간한 성적을 내요. 무엇이든 어느 정도는 하는데 잘한다고 자신 있게 말할 수 있는 것은 하나도 없어요.

190

제 주변에는 특정 분야에 두각을 나타내는 친구들이 많아요. 수현이는 과학 올림피아드에 나갈 정도로 박식하고, 일찍이 영상 편집을 시작한 준호는 어느덧 전문가 수준에 이르렀어요. 예린이는 3년째 전교 1등이고, 축구팀 주장 민수는 프로 구단에서 눈여겨볼 정도로 실력이 뛰어나대요. 이런 친구들을 보면 저마다 뛰어난 재능을 타고난 것 같아 부러워요.

반면에 제가 가진 능력은 얕고 넓어요. 다양한 경험을 쌓아가는 것은 즐겁지만 진로를 정해야 할 때가 되니 슬슬 조바심이 나요. 처음부터 한 가지를 진득하게 배웠어야 하는 건 아닌지 뒤늦게 걱정이 되기도 해요. 이런 제가 이다음에 커서 무엇을 할 수 있을지 모르겠어요.

"저는 정말 어중간한 사람인 것 같아요."

희수가 그런 말을 꺼낸 것은 이번이 처음이었다. 최근 희수는 자신이 그동안 쌓아 온 다양한 경험이 그저 경험에 지나지 않으며, 진로 선택에 영향을 줄 만큼 높은 수준이 아니라는 데 좌절감을 느끼고 있었다. 기록을 세우거나 성과를 내는 또래 친구들을 보면 한없이 초라해진다는 것이다. 희수는 그런 자기 모습을 두고 '전문성이 부족하며 어느 것 하나 확실하지 않다'라고 표현했다.

확실하다는 게 어떤 의미인지 묻자, 희수는 '깊이 있는 것'이라고 대답했다. 희수는 자신처럼 수박 겉핥기식으로 이것저것 해보는 게 아니라, 특정 분야를 깊이 있게 파고드는 것에 대한 갈망이 있었다. 그것이 왜 부러운지 물으니, "전문성을 갖춰 인정받고 싶어요."라는 대답이 돌아왔다. 자신도 한 가지를 집중적으로 열심히 했으면 좋았겠다는 후회와 함께 말이다.

"그런데 희수야, 네가 생각하는 전문성과 진짜 가치 있는 능력은 다른 것일지도 몰라."

그 말에 희수의 표정이 변했다. 지금까지 '얕고 넓게 아는 것'을 단점으로만 생각했고, 그 밖의 다른 관점은 생각해 본 적 없었다. **희수는 어쩌면 자신을 이루는 다양한 경험이 새로운 시대에 더 필요한 능력이 될지도 모른다는 희망을 갖기 시작했다.**

전문성에 대한 기준을 다시 세우고, 다재다능함을 새로운 시대의 경쟁력으로 재발견해보자. 능력의 깊이만큼 폭 또한 중요해진 오늘날, 여러 분야를 자유자재로 넘나드는 능력이 전문성이 될 수 있다.

전문성의 기준을 다시 세우자!

최근 10년 동안 수요가 급부상한 직업을 떠올려보자. 영상 크리에이터, 인플루언서, 스타트업 창업가 등 이전까지는 직업으로 인정받기 어려웠거나 주변에서 쉽게 찾아보기 어려운 일들이 대부분이다.

그들에게는 한 가지 공통점이 있다. 여러 분야에 대한 이해와 관심을 바탕으로 자신만의 브랜드 가치와 콘텐츠를 만들어 내는 다재다능함을 갖췄다는 것이다. 요즘 청소년들에게 가장 많은 선호를 받는 직업 중 하나인 영상 크리에이터만 봐도 그렇다. 기획부터 촬영, 편집, 마케팅까지 한 사람이 다양한 것을 할 줄 아는 경우가 많다.

"이제는 T자형 인재의 시대야. 여러 분야를 아우르는 동시에 한 가지 전문성도 갖춘 사람 말이야. 그런 의미에서 희수는 이미 첫 획을 완벽하게 그은 거야."

희수는 그동안 한 가지 분야를 깊이 파고드는 것만이 전문성을 갈고닦는 길이라고 여겼다. 하지만 그 사이 세상은 변화했고, 이제는 여러 분야를 아우르는 것 또한 경쟁력이 된다는 것을 새롭게 깨달았다.

태연쌤의 진로 코멘트 취미와 특기 같은 나의 관심사를 서로 어떻게 연결 지을 수 있을지 고민하고, 그것을 바탕으로 내가 할 수 있는 일을 생각해봐.

크로스오버 능력을 개발하자!

상담 이후 희수는 자신이 가진 여러 경험 조각을 조합해 새로운 것을 만들어보기로 했다. 희수가 가장 먼저 시도한 것은 과학 시간에 배운 소화 과정을 웹툰으로 그려보는 일이었다. 딱딱한 과학 지식에 만화를 결합하니 더 쉽게 이해할 수 있었다. 또, 역사와 게임에 대한 관심을 합쳐 교내 창의력 대회에 출품할 '조선시대 배경 RPG 게임 기획서'를 만들었다. 영어 수행평가로는 태권도 품새를 영어로 설명하는 동영상을 제작해 선생님께 좋은 평가를 받기도 했다.

이외에도 희수는 다양한 시도를 멈추지 않았다. 물론 실패할 때도 있었지만 개의치 않고 계속해서 생각을 확장시켰다. 그 과정에서 희수는 특정 분야의 전문가가 되는 것만이 정답이 아니며, 여러 분야를 연결하는 능력도 가치 있는 재능이라는 것을 깨달았다.

태연쌤의 진로 코멘트 융합을 통해 새롭게 만든 아이디어를 친구들에게 선보이거나 SNS에 올려 반응을 확인해봐.

멀티플레이어의 리더십을 발휘하자!

상담 말미에 희수에게 건넨 마지막 조언은 친구들과 자신의 경험을 나누는 것이었다. 희수는 자신의 경험을 바탕으로 하여, 같은 고민을 하는 또래 친구나 후배에게 새로운 가능성에 대한 이야기를 들려줄 수 있었다. 갈피를 잡지 못하고 방황했던 경험과 시행착오를 겪으며 깨달은 점을 솔직하게 공유하는 것이다. 한 분야에서 오랜 경력을 쌓고 특별한 성과를 낸 전문가의 이야기를 듣는 것도 좋지만, 또래 학생의 진솔한 경험에서도 큰 울림과 용기를 얻을 수 있기 때문이다.

경험을 나누는 과정을 통해 성장하는 것은 친구들뿐만이 아니다. 멘토인 희수도 함께 성장할 수 있다. 다른 친구들의 고민과 어려움을 듣고 함께 해결 방법을 모색하는 과정에서 희수는 새로운 시각과 공감 능력을 기를 수 있다. 다양한 사람들과 협력하며 서로의 강점을 나누고 부족한 점을 보완하는 것이다. 이와 같은 협력 능력 또한 이 시대가 요구하는 필수 역량 중 하나이다.

태연쌤의 진로 코멘트 후배나 친구의 고민을 듣고, 나의 경험 중에서 도움이 될 만한 것을 조언해봐.

희수는 자신을 괴롭히던 질문에 대한 답을 찾았다. "나는 여러 분야를 넘나들며 새로운 것을 만드는 일을 잘해!"라고 당당하게 말할 수 있게 된 것이다. 어떤 사람들은 그런 희수의 능력이 가치가 없다고 말하기도 하지만, 희수는 그렇지 않다는 것을 알았다. 스티브 잡스는 기술과 예술을 융합해 아이폰을 만들고, BTS는 음악과 퍼포먼스를 결합해 세계를 감동시킨 것처럼 희수의 재능이 언제 어떤 방식으로 빛을 발하게 될지는 아무도 모르는 일이다.

"나의 다재다능함이 곧 새 시대의 전문성이야.
연결과 확장으로 전문성의 기준을 다시 세워보자!"

1. '잘한다'고 인정받지 못해도 계속 하고 싶은 일은 무엇일까?

2. 다양한 관심사가 나를 특별하게 만드는 이유는 무엇일까?

3. 10년 후, 나의 다양한 경험이 서로 어떻게 연결되어 있을까?

4. 지금의 나로도 충분하다고 느낀 순간은 언제인가?

아무리 노력해도
변하지 않을 거예요

저는 중학교 2학년 민호예요. 저는 유소년 축구 클럽에서 선수로 활동하고 있어요. 어릴 때부터 세계적으로 인정받는 축구 선수가 되겠다는 꿈을 키워 왔거든요. 그 꿈은 여전히 변함없고, 지금은 훌륭한 선수를 배출한 축구팀이 있는 고등학교에 진학하기 위해 실력을 쌓고 있어요.

그런데 최근에 발목 부상과 함께 슬럼프가 찾아오며 고민이 생겼어요. 가벼운 부상이라 치료는 문제없이 마쳤는데, 아무리 노력해도 실력이 늘지 않아요. 처음에는 공이 빗맞는 정도였어요. 그 때까지만 해도 아직 회복이 덜 되어서 그런 거라고 생각했어요. 그런데 시간이 지날수록 점점 집중력이 흐트러지더니 어느 순간에는 공의 움직임을 한 박자씩 늦게 쫓고 있는 제 자신을 발견하게 됐어요.

그날은 감독님께 엄청 혼났어요. 몸에는 이상이 없으니 이건 정신력 문제라고 하셨어요. 축구 선수가 공을 제대로 보지 않는다는 것은 말도 안 되는 일이라고요. 저도 그렇게 생각해요. 하지만 아무리 집중하려 노력해도 정신을 차리면 원점으로 돌아와 있어요. 그러는 사이 주전에서 밀려나고 팀원들로부터 걱정과 실망이 반씩 섞인 말을 듣는 데 익숙해졌어요.

슬럼프를 극복하기 위해 평소보다 더 많은 시간을 운동장에서 보내고, 심리 치료도 알아보고 있지만 쉽지 않아요. 이런 시간이 지속되다 보니 훈련이나 경기에 집중할 수도 없고 의욕도 떨어져요. '어차피 해도 안 될 텐데'라는 마음이 자라나는 걸 막을 수가 없어요. 사실은 축구가 내 길이 아닐지도 모른다는 생각이 들어요. 그렇다면 이제라도 다른 길을 찾아야 하는 건 아닌지 걱정이 되기도 하고요. 저는 어쩌면 좋을까요?

민호는 상담실에 들어설 때부터 자신감을 잃은 모습이었다. 최근에 민호가 부상으로 인한 슬럼프를 겪고 있다는 소식을 전화를 통해 들었다. 초등학생일 때부터 축구에 두각을 나타내 유망주라고 불리던 아이였는데 참으로 안타까운 일이었다.

"저는 축구에 재능이 없는 것 같아요. 그마저도 너무 늦게 깨달은 느낌이에요."

그런 이야기를 하며 민호는 발끝으로 애꿎은 바닥만 차댔다. 내년이면 3학년이 되는 민호는 유명한 축구팀이 있는 고등학교에 진학하고자 하는 목표를 가지고 있었다. 그러려면 지금이 민호에게는 무척 중요한 시기였다. 그런데 하필 이런 때에 슬럼프로 인해 주전에서 밀려나게 되었다니, 민호는 이루 말할 수 없이 속상할 것이었다.

"이제라도 공부를 해서 대학에 가는 게 맞을지도 몰라요."

"맞고 틀린 걸 따지지 말고 네 진짜 마음이 어떤지 말해봐."

그러자 민호는 울음을 터뜨렸다. 자신은 축구를 정말 좋아한다고, 축구 이외의 다른 것은 생각해본 적도 없다고 말했다. 날로 실력이 떨어지고 있는 이 순간에도 축구가 좋다는 민호의 말은 그만두고 싶지 않다는 말의 다른 표현이기도 했다. 하지만 현실을 아예 배제하고 생각할 수는 없는 노릇이었다. 자신에게 기대하는 부모님과 코치님, 그리고 함께 뛰는 팀원들을 실망시키고 폐를 끼치는 것도 싫었다. 민호는 어떻게 하면 좋을지 모르겠다는 말만 반복했다.

누구나 슬럼프에 빠질 때가 있다. 운동선수만의 이야기가 아니다. 공부하는 학생도, 음악이나 미술을 하는 예술가도 한 번씩은 실력이 정체되는 시기를 겪는다. 민호에게도 그런 보통의 아픔이 조금 일찍 찾아온 것일 뿐이었다. 이럴 때일수록 결과보다는 과정을 중시하는 마음을 키워, 다시 앞으로 나아갈 수 있는 원동력을 만들어야 한다.

과정에서 보상을 찾자!

민호는 축구를 정말 좋아했지만, 진로로 정하고 난 뒤에는 '잘해야 한다'는 생각에 빠져 있었다. 작은 성취나 즐거움은 잊고, 훈련과 경기를 '해야 하는 일'로 여기게 된 것이다. 민호는 그것을 프로가 되는 과정으로 받아들이며 당연하게 생각했다. 하지만 슬럼프가 찾아온 순간에는 결과보다 과정을 중시하는 것이 좋다. 과정에서 찾을 수 있는 의미와 보상을 탐색하고, 그것을 새로운 자극과 동기부여로 연결 짓는 것이다. 예를 들어, 다른 때보다 공을 다룰 때의 정확도가 높거나, 새로운 기술을 시도한 것만으로도 자신을 격려할 수 있다.

민호처럼 중요한 시기를 앞두고 조바심이 날 때는 이 과정이 지난하게 느껴질 수 있다. 게다가 자신의 변화를 느끼지 못할 수도 있다. **하지만 매일 작은 성공과 즐거움을 의식적으로 찾아 나서다 보면 과정 자체에 만족감을 느끼고 다음 단계로 나아갈 수 있다.** 좋은 결과를 내야 한다는 압박에서 스스로 해방되며 자신감과 정신력을 회복하는 것이다.

태연쌤의 진로 코멘트 훈련을 마친 후, 평소보다 잘했다고 생각한 순간을 세 가지 꼽아봐. 결과보다 과정에 집중해서 적는 게 좋아.

같은 어려움을 겪은 사람의 이야기를 듣자!

슬럼프는 누구나 겪는 일이다. 특히 운동선수라면 더 쉽게 슬럼프에 빠질 수 있다. 그럴 때는 나와 같은 어려움을 겪은 사람의 경험담을 통해 어둠을 헤쳐 나갈 용기와 지혜를 얻는 것이 좋다.

2002년 월드컵 4강 진출의 주역인 박지성 선수는 한 방송에서 '공이 나에게 오는 것이 무서웠다'라고 밝히며 슬럼프를 고백했다. 슬럼프 당시 그는 복잡한 해답을 찾는 대신 기본기에 집중하며 체력 훈련과 패스 연습 등을 부지런히 했다고 한다. 토트넘에서 활약하고 있는 손흥민 선수는 성적 부진을 겪는 중에도 '축구에는 항상 기복이 있기 마련'이라며 너무 많은 생각을 하지 않고, 다음 경기에서 잘하려는 마음을 가졌다고 이야기했다.

민호는 박지성과 손흥민 같은 세계적인 선수도 자신과 비슷한 어려움을 겪었다는 사실에 위로를 받았다. 그들이 슬럼프를 이겨 냈듯, 자신도 이 어려움을 극복할 수 있을 것이라는 희망을 가지게 됐다.

태연쌤의 진로 코멘트 좋아하는 선수의 경험을 통해 슬럼프 대처 방법을 확인하고, 다양한 시도를 해보자.

장기적 관점을 갖자!

민호의 가장 큰 문제는 눈앞의 성과에만 집중하는 것이었다. 그럴 만도 한 것이, 스포츠 세계는 눈에 보이는 성과로 자신을 증명하는 사람만이 살아남을 수 있는 곳이기 때문이다. 매일 좋은 기량을 보이며 성장하는 동료 팀원들의 모습만 봐도 알 수 있었다. 하지만 아직 어리고, 축구 선수로서의 가능성이 큰 민호에게 눈앞의 성과만을 판단의 기준으로 삼는 것은 너무 가혹한 일이다.

민호에게 건넨 세 번째 조언은 긴 호흡으로 성장 과정을 바라보는 것이다. 당장 치르는 훈련과 경기의 결과가 눈에 띄지 않더라도 조급해할 필요는 없다. 반복된 노력과 경험은 반드시 장기적인 실력 향상으로 이어지기 때문이다. 그러므로 지금은 매일 조금씩 나아지는 자신의 모습을 발견하며, 장기적인 목표를 향해 차근차근 나아가는 데 집중하는 것이 좋다.

태연쌤의 진로 코멘트 꿈을 이룬 미래의 나에게 편지를 써보자. 지금의 노력이 그때의 나에게 어떤 영향을 주었는지 자세히 적어봐!

민호는 여전히 슬럼프에서 벗어나지 못했다. 지금도 훈련에 집중하지 못할 때가 있고, 그럴 때면 여지없이 코치님에게 꾸중을 듣는다. 하지만 민호는 축구를 진심으로 좋아했던 처음의 마음을 되찾았다. 당장의 결과에 목매지 않고 과정을 즐기며, 매일의 작은 배움을 소중히 여기게 되었다. 어느 날에는 자신과 같은 아픔을 겪고 있는 후배에게 "지금은 과정을 즐기자. 그러면 결과는 자연스럽게 따라올 거야."라고 조언하기도 했다.

"슬럼프는 누구에게나 오는 거야.
그럴 때일수록 변치 않는 마음으로 과정을 즐기면 돼!"

1. 나는 지난 한 달 동안 어떻게 변화했을까?

2. 발전이 느껴지지 않을 때 나를 지탱해주는 것은 무엇일까?

3. 작년 이맘때와 비교했을 때 나는 어떻게 발전했을까?

남들보다 의지와 자제력이 약해요

저는 고등학교 1학년 석훈이에요. 요즘 제 자신이 너무 한심하게 느껴져요. 매일 학원을 마치고 집에 돌아오면 게임부터 해요. 학교 숙제와 학원 숙제가 쌓여 있는데도요. 게임을 한 판 하는 데 30분 정도 걸려요. 처음에는 딱 한 판만 하려던 거였는데 정신을 차려 보면 어느새 서너 시간이 훌쩍 지나 있어요. 숙제는 시작도 못 했는데 잘 시간이 된 거예요.

시험 기간에도 그래요. '오늘은 정말 공부부터 해야지' 하고 책상 앞에 앉아도 5분 뒤면 게임을 실행하고 있어요. 실컷 게임한 뒤에 공부를 시작하려 다시 마음을 다잡아도 어지러운 화면을 오래 본 탓에 집중이 잘 안 돼요. 중독성이 얼마나 강한지, 그렇게 오래 게임을 했는데 또 하고 싶어질 때도 있어요. 숙제를 하지 못해 선생님께 혼나고, 공부가 부족해 시험을 망쳐도 반성은 잠시뿐이고, 다시 같은 실수를 반복해요. 게임을 지워 봐도 소용없어요.

그래서 요즘 부모님이 걱정이 많으세요. 한창 공부해야 하는 중요한 시기에 매일 게임으로 시간을 낭비하고 있으니까요. 하지만 이런 제 모습이 가장 걱정되는 건 다름 아닌 저예요. 미루고 포기하는 게 일상이다 보니, 어떤 일을 하려고 해도 "어차피 나는 또 포기할 거야."라고 생각하게 돼요. 무엇이든 제대로 할 거라는 기대도 없어요. 의지도 자제력도 없이 날마다 게임의 유혹에 쉽게 넘어가는 제가 한심하고 바보 같아요.

"저는 의지가 너무 약한 것 같아요. 친구들은 계획표 없이도 할 일을 잘하고 게임도 적당히 하는데, 저는 게임하기 바빠 정작 해야 할 일은 매일 미루기만 해요."

석훈이의 하루는 늘 같은 패턴이었다. 매일 밤마다 내일은 정말 열심히 할 거라고 마음을 다잡으며 잠에 들지만 막상 하루가 시작되면 어제와 똑같은 시간을 보낸다. 학교를 마치면 학원에 가서 수업 시간만 겨우 채우고 돌아와 게임을 시작한다. 한 판만 하겠다고 다짐하지만 한 번에 서너 판은 우습게 한다. 그러면 또 잘 시간이 되어 후회하며 하루를 정리한다. 방학 때는 더하다. 아침부터 주어진 자유 시간에 해가 뜨는지도 지는지도 모르고 게임을 한 적도 있다.

그렇게까지 게임을 하는 이유를 묻자 석훈이는 "재미있으니까요."

라고 답했다. 간단명료한 이유였다. 게임은 재미있고, 공부는 지루하고 힘드니까. 게임을 하기 위해 컴퓨터 앞에 앉으면 열 시간도 금방이지만, 숙제를 하기 위해 앉아 있는 시간은 일 분이 한 시간 같으니까.

"의지가 없는 게 아니라, 시작하는 방법이 달라야 하는 건 아닐까?"

석훈이는 잠시 말을 멈췄다. 지금까지 스스로 자신을 게으른 사람, 의지 없는 사람으로 단정 지었는데, 다른 관점에서 바라볼 수 있다는 생각은 해본 적 없었다. 숙제할 때는 어떤 기분이 드냐는 질문에 석훈이는 어디서부터 시작해야 할지 몰라 막막하다고 했다. 그 순간 석훈이는 자신의 문제가 의지 부족이 아니라 시작의 어려움이라는 것을 처음으로 깨달았다. 방대한 양의 숙제 앞에서 느끼는 막막함과 어디서부터 손을 대야 할지 모르는 답답함이 진짜 문제였던 것이다. 문제의 원인을 찾으니 해결책도 보이기 시작했다.

많은 경우 실행력 부족의 진짜 원인은 의지 부족이 아니라 시작의 어려움이다. 거대한 과제 앞에서 겁먹지 않고, 환경을 활용해 자연스럽게 수행할 수 있는 방법을 찾아보자.

완벽주의를 탈피하자!

해야 할 일이 있을 때 시작을 계속 미루는 것은 완벽하게 해내고 싶은 마음 때문이다. 그 일을 하는 데 필요한 조건을 완벽히 갖추기 전까지는 시작하지 않으려는 것이다. 하지만 때로 완벽을 추구하는 태도는 아무것도 하지 못하게 만드는 덫이 되기도 한다. 좋은 결과를 낼 수 없을 게 뻔해도 우선은 시작해야 한다.

완벽주의에서 벗어나려면 처음부터 잘할 필요 없다는 것을 깨달아야 한다. 시작은 서툴러도 괜찮다. 지속적인 수정을 통해 보충하면 된다. 일단 시작하면 고치고 다듬을 기회가 따라온다. 중요한 것은 완벽한 결과물이 아니라 실행력이라는 것을 잊지 말자.

석훈이는 방과 후 계획을 수정했다. 학원을 마치고 집에 돌아오면 숙제를 딱 한 장만 하는 것이다. 책상 앞에 앉으면 막막함이 몰려왔지만, 자신과 약속한 한 장만 끝내면 게임을 할 수 있다는 생각으로 펜을 들었다. 그렇게 숙제를 시작하면 어느새 한 장을 마치고 더 많은 부분을 살펴보곤 했다. 실행하는 순간 가속도가 붙은 것이다.

태연쌤의 진로 코멘트 일단 시작할 수 있는 환경을 만들어봐. '오늘 할 당량을 마치면 이걸 해야지.' 하는 식의 보상을 걸어도 좋아.

3분 구경으로 시작 장벽을 낮추자!

석훈이의 가장 큰 문제는 숙제를 넘어야 할 큰 산으로 바라본다는 것이었다. 그래서 시작하기도 전에 겁을 먹고 게임으로 도피했다. 그런 석훈이에게 새로운 규칙을 제안했다.

"매일 3분 동안 내일 할 숙제를 미리 살펴보는 거야. 푸는 게 아니라 보기만 하는 거야. '내일은 이것을 해야지!' 하고 말이야."

이 방법의 핵심은 압박감을 갖지 않는 것이다. 그저 보기만 하며 3분 동안 숙제 파악을 마쳤다면 바로 게임을 해도 된다.

첫날 석훈이는 반신반의하며 숙제를 살펴봤다. 매일 3분씩 하루도 빼놓지 않고 약속을 지켰다. 일주일이 지나자 작은 변화가 생겼다. 게임을 하던 중에 문득 숙제가 생각난 것이다. 그렇게 한 달이 지난 후에는 '이번 판까지만 하고 숙제를 해야겠다'는 마음까지 들었다. 숙제를 하나의 커다란 산으로 인식할 때는 알지 못했지만, 각각의 문제를 들여다보니 신기하게도 부담이 줄어들었다.

태연쌤의 진로 코멘트 하기 싫은 일을 해야 할 때는 '3분 구경 시간'을 가져봐. 무언가를 하려 하지 말고 오로지 '구경'만 하는 거야.

환경의 힘을 활용하자!

마음을 움직이기 어려울 때는 물리적 환경을 바꾸는 게 도움이 된다. 석훈이를 가로막는 가장 큰 장애물은 게임이 아니라 선택의 순간이다. 선택의 순간에서 늘 숙제가 후순위로 밀렸을 뿐이다. 그렇다면 숙제를 선택할 수 있는 환경을 만들면 된다.

방학을 맞은 석훈이에게 '잠들기 전에 내일 해야 하는 숙제를 책상에 펼쳐놓고 잘 것'을 요청했다. 아침에 일어났을 때 숙제가 가장 먼저 눈에 들어오도록 말이다. 환경이 선택을 대신하니 의지가 끼어들 틈이 줄어든다. 또한 게임할 때는 큰 소리가 나는 타이머를 맞춰둘 것을 요청했다. 소리가 나면서 게임에 대한 몰입이 깨지고 현실 감각이 깨어나기 시작하는데, 그때 게임을 멈출 타이밍을 잡을 수 있다. 이처럼 마음을 억지로 바꾸려고 애쓰기보다, 행동을 쉽게 만드는 환경을 조성하는 것이 더 효과적이다.

태연쌤의 진로 코멘트 해야 하는 일은 눈에 잘 띄는 곳에, 하지 말아야 하는 일은 쉽게 접근할 수 없는 곳에 배치해봐.

석훈이는 여전히 게임을 좋아한다. 숙제를 한없이 미루고 싶은 날도 있다. 하지만 이제는 의지 부족, 자제력 부족이라며 자신을 탓하지 않는다. 더 이상 시작이 두렵지 않으니 말이다. 석훈이는 아주 작은 변화부터 시작해 습관을 고쳐 나가는 중이다. 석훈이는 이제 새로운 일을 시작하기에 앞서 '방법을 먼저 찾자'며 스스로 다독일 줄도 안다.

"나는 의지가 약한 게 아니었어.
그냥 방법을 몰랐을 뿐이야.
작은 방법들로 자신감을 쌓으면
어제보다 조금 더 나은 내가 될 수 있어."

1. 미루고 있는 일 중에서 가장 적은 노력으로 할 수 있는 것은 무엇일까?

2. 내일 아침에 책상 위에 펼쳐놓고 싶은 것은 무엇일까?

3. 하기 싫은 일을 어제보다 딱 10분만 더 해보자.

입시 스트레스가 나를 흔들어요

저는 고등학교 2학년 채령예요. 최근 본격적으로 입시 준비를 시작하면서 이상한 변화가 생겼어요. 감정이 제 마음대로 조절되지 않는 거예요. 아침에는 어떤 일이든 잘 해낼 수 있을 것 같다가도 오후가 되면 갑자기 모든 게 버겁게 느껴져요.

어제는 수학 문제집을 펴놓고 한 시간 동안 같은 페이지만 멍하니 보고 있었어요. 문제를 읽어도 내용이 머릿속에 들어오지 않고 그냥 눈물만 났어요. 그런가 하면 며칠 전에는 새벽 2시까지 잠을 이루지 못했어요. 그러다 갑자기 책상 정리를 시작했지요. 다음날 피곤할 걸 알면서도 멈출 수가 없었어요.

몸도 평소와 다른 게 느껴져요. 가슴이 답답할 때가 많은데, 심호흡을 해도 숨이 차요. 손톱을 뜯는 버릇도 생겼어요. 시험지를 받으면 손이 떨려서 글씨가 삐뚤빼뚤해지기도 하고, 체육 시간에 농구를 하다가 갑자기 힘이 빠져 주저앉은 적도 있어요. 이런 제 모습이 낯설고 당황스러워요.

가장 힘든 건 엄마와의 관계예요. 얼마 전에 엄마가 "이제 2학년인데 학원을 하나 더 다녀야 하지 않니?"라고 물으셨을 때 저도 모르게 "제발 가만히 좀 계세요!"라고 소리를 질렀어요. 엄마의 표정을 보고 바로 후회했지만, 이미 뱉은 말은 주워 담을 수 없었죠. 그날 엄마가 제 방문 앞에 한참 서 계시다가 돌아가시는 발소리를 들었어요.

주변을 둘러보면 친구들은 이런 상황을 겪지 않는 것 같아요. 다들 바쁘긴 해도 평소와 다름없이 지내거든요. 저만 이상한 건가 싶어서 아무에게도 말하지 못하고 혼자 끙끙 앓았어요. 그러다 문득 '다른 친구들도 속으로 힘들어하지만 티를 안 내는 건 아닐까?' 하는 생각이 들었어요.

채령이는 어머니의 권유로 상담을 시작했다. 최근 들어 채령이의 감정 기복이 심해진 것을 걱정한 어머니가 상담을 문의한 것이다. 처음 상담실을 방문한 채령이는 비관적인 태도를 보였다. 상담이 무슨 소용이냐고 투덜거리며, 공부할 시간을 낭비하는 것은 아닌지 걱정했다. 하지만 "요즘 네가 힘들어 보여서 엄마도 마음이 아프다. 같이 방법을 찾아보지 않을래?"라며 딸을 걱정하는 어머니의 진심에 채령이도 마음이 누그러졌다.

채령이는 상담이 시작되고 한참 만에 조심스럽게 입을 열었다.

"요즘 너무 힘들어요. 괜찮은 척하려고 해도 잘 되지 않아요. 친구들은 모두 자기 할 일을 잘 하는데 저만 이렇게 별나게 구는 것 같아서 더 속상해요."

갑작스러운 몸과 마음의 변화에 채령이는 좀처럼 적응하지 못하고 있었다. 평소라면 하지 않을 행동을 하고, 느끼지 않을 감정을 느낄 때가 점점 많아졌다. 무엇보다 채령이를 당황스럽게 하는 것은 그런 행동과 감정이 스스로 조절이 안 된다는 것이었다.

그런 변화는 학습에도 영향을 미쳤다. 공부에 집중하지 못하는 시간이 늘어났고, 그 결과 성적도 떨어졌다. 대학 입시에 고등학교 2학년 성적이 가장 많이 반영된다는 생각에 채령이는 조바심이 났지만 상황을 쉽게 바꿀 수는 없었다.

"채령아, 작년에 상담했던 2학년 학생들 대부분이 비슷한 이야기를 했어. 입시가 본격화되는 시기라 스트레스를 많이 받거든. 모두 비슷한 고충을 겪고 있지만, 겉으로 티를 내지 않을 뿐이야."

그게 정말이냐고 묻는 채령이의 표정이 마치 한 줄기 희망을 발견한 듯 한결 밝아졌다.

입시 스트레스를 날씨로 관찰하자!

채령이는 자신의 감정 변화를 문제라고만 생각하며 최대한 억누르고 무시하려 애썼다. **하지만 스트레스는 억누른다고 사라지지 않는다. 오히려 인정하고 관찰할 때 쉽게 다룰 수 있다.**

채령이는 스트레스를 다루는 방법을 익히기 시작했다. 스마트폰 메모장에 '마음 날씨'를 기록하는 것이다. 맑음, 흐림, 비, 폭풍 등으로 하루 세 번 자신의 상태를 체크했다. 그렇게 일주일 동안의 기록이 쌓이자 패턴이 보였다. 밤늦게까지 학원 수업을 들어야 하는 월요일과 목요일에 특히 '폭풍'이 자주 등장했다.

"처음에는 기록이 귀찮았어요. 하지만 '오늘 폭풍 3번'이라고 적고 나니, 힘든 하루를 보냈다는 것을 스스로 이해하게 되더라고요. 함께 마음 날씨를 기록하기 시작한 친구에게 오늘의 상태를 이야기하니 친구는 '나도 비 오는 중'이라며 자신의 마음을 알려줬어요. 그 이야기를 들으니 혼자만 힘든 게 아니라는 생각에 안심이 됐어요."

유독 스트레스가 심할 때는 '5분 타이머'를 활용했다. 타이머를 5분에 맞춰놓고 그동안은 활동을 멈추는 것이다. 채령이는 5분 동안 물을 마시거나, 창밖을 보거나, 그냥 눈을 감고 있었다. 신기하게도 5분이 지나면 격한 감정이 어느 정도 가라앉았다.

도움 요청도 실력이야!

채령이는 청소년 사이버 상담 센터 1388에 전화를 걸었다. 처음에는 괜한 일을 하는 게 아닐까 걱정돼 한 시간을 망설였지만, 막상 전화를 걸고 나니 마음이 편안해지는 것을 느꼈다. 전화를 받은 상담사가 따뜻하게 맞아주었기 때문이다.

채령이는 상담을 통해 '4-7-8 호흡법'을 배웠다. 4초 들이쉬고, 7초 참고, 8초 내쉬는 호흡법이었다. 설명을 들었을 때는 정말 효과가 있을지 의심했지만 실제로 가슴이 답답할 때 해 보니 진정에 도움이 되었다. 또한 채령이는 전화 상담으로 온라인 채팅 상담 또한 운영 중이라는 사실을 알게 되었다. 새벽에 잠이 오지 않을 때는 채팅 상담을 활용해 자기 이야기를 털어놓기도 했다. 더 깊은 상담이 필요하면 지역 청소년 상담 복지 센터를 이용할 수 있다는 말에 채령이는 마음이 든든해졌다.

이후에는 학교 Wee 클래스를 찾아가 보기도 했다. 그곳에서 들은 조언이 많은 도움이 됐다. 상담 선생님은 "완벽하게 다 하려고 하지 마. 우선순위를 정해서 중요한 것부터 하나씩 해 나가면 돼."라고 이야기했다. 그 말에 채령이는 위안과 용기를 얻었다.

가장 어려웠던 부분은 엄마에게 솔직한 마음을 털어놓고 도움을 요청하는 것이었다. 하지만 Wee 클래스 상담을 통해 용기를 낸 채령이는 물러서는 대신 나아가기를 택했다. 엄마에게 힘든 마음을 고백하자, 엄마도 고등학교 때 비슷한 경험을 했다며 "내가 너무 재촉했구나. 네 속도대로 함께 가보자."라고 채령이를 다독여주었다.

태연쌤의 진로 코멘트 단계별로 도움을 요청해봐! 1388(익명 상담) → 학교 상담 → 부모님 → 친구와 같이 나에게 편한 방식부터 시작하면 돼.

작은 습관으로 큰 변화를 만들자!

채령이는 거창한 계획을 세우는 대신 작은 것부터 바꿔 나갔다. 매일 밤 11시 30분엔 무조건 책을 덮기로 했다. 처음에는 불안했지만, 수면 시간이 늘면서 낮 시간 집중력이 높아졌다. 덕분에 학교와 학원 수업에 집중할 수 있게 되어 학습 효율이 좋아졌다.

"11시 30분 규칙을 지키기 위해 알람을 3개나 맞춰놨어요. 첫날에는 공부가 덜 끝난 것 같아 불안했는데, 다음날 맑은 머리로 문제를 보니 오히려 더 잘 풀리더라고요. 특히 수학 문제가 술술 풀려서 신기했어요. 피곤한 상태로 2시간 붙잡고 있는 것보다 충분히 자고 30분 집중하는 게 더 효과적이었어요."

'세 줄 일기'도 쓰기 시작했다. 하루를 마무리하며 그날 있었던 일 중 기억하고 싶은 것 세 가지를 한 줄씩 적는 것이다. '응용 수학 3문제를 풀었다', '급식이 맛있었다', '친구가 나를 응원해줬다' 같은 사소한 것들이지만, 하루를 긍정적으로 마무리하는 데 도움이 되었다.

"일기를 다시 읽어 보니 변화가 보였어요. 월요일에는 '오늘도 망했다'였는데, 금요일에는 '그래도 이번 주 버텼다'로 바뀌어 있더라고요. 한 달 후에는 '집중력이 유달리 좋았다', '영어 지문을 완벽히 이해했다' 같은 긍정적인 내용이 늘어났어요."

운동을 시작하면 좋겠다는 조언에 채령이는 '계단 오르기'를 시작했다. 따로 시간을 내기 어려운 채령이의 상황에 딱 알맞은 운동이었다.

"교실이 4층이라 처음에는 힘들었어요. 그런데 계단을 오르는 짧은 시간 동안은 아무 생각이 안 드는 게 좋았어요. 숨이 차서 입시 걱정을 할 여유가 없거든요. 몸이 움직이니 머리가 비워지는 느낌이에요. 가끔은 일부러 1층까지 내려갔다가 다시 올라오기도 해요."

완벽한 루틴을 만들려고 하지 마. 50% 정도만 지켜도 성공이야. 작은 성취가 쌓이면 큰 자신감이 돼. 못 지킨 날이 있어도 자책하지 말고 내일 다시 시작하면 돼!

채령이는 여전히 입시 스트레스를 받지만 이제 올바른 대처 방법을 알게 되었다. 스트레스가 심할 때는 5분 타이머, 우울할 때는 세 줄 일기, 불안할 때는 계단 오르기를 실천하는 등, 자신만의 스트레스 도구 상자가 생긴 것이다.

이런 변화가 생긴 데는 '나만 힘든 게 아니구나'라는 깨달음이 큰 역할을 했다. 대화를 통해 다른 친구들도 나름의 방법으로 스트레스를 관리하고 있었다는 사실을 알게 되었다. 이제 채령이와 친구들은 서로의 스트레스 관리 방법을 공유하며 어려움을 함께 이겨내는 동료가 되었다.

엄마와의 관계도 개선되었다. 엄마와 대화하는 시간이 늘어난 것이 가장 큰 변화다. 채령이는 그날의 마음을 솔직하게 이야기하기 시작했다. "오늘은 마음 날씨가 흐림이에요."라고 이야기하면 엄마는 공부나 학원 이야기를 꺼내는 대신 맛있는 간식을 준비해준다.

상담을 통해 채령이는 지금 이대로의 자신도 충분히 괜찮다는 것을 깨달았다. 완벽하지 않아도, 가끔 감정이 요동쳐도, 그런 자신을 믿고 한 걸음씩 나아가면 된다는 마음을 갖게 되었다. 입시라는 마라톤에서 처음부터 전력으로 질주하다가 쓰러지는 것보다 자신의 속도를 찾아가는 게 중요하다는 걸 알게 된 것이다.

"스트레스도 성적처럼 관리할 수 있어.
한 번에 100점을 맞으려 하지 말고,
조금씩 나아지면 돼."

1. 오늘 내 마음 날씨는 어땠을까?

2. 나는 5분 타이머를 어떻게 활용할까?

3. 도움을 요청한다면 가장 편한 방법은 뭘까?

4. 오늘 하루 중 감사한 순간은 언제일까?

너를 믿고 한 걸음 더 나아가

B.E.L.I.E.V.E

B   Be OK (괜찮은 나)

E   Everyone's Journey (모두의 여정)

L   Little by Little (조금씩 천천히 걷기)

I   Inner Voice (내면의 목소리 듣기)

E   Everyday Renewal (매일의 새로움 느끼기)

V   Value Myself (나의 가치 알기)

E   Enough Already (충분함 깨닫기)

너는 괜찮은 사람이라는 걸 BELIEVE
실패해도, 부족해도, 느려도 괜찮아. 그런 너도 충분히 괜찮은 사람이야.

시작의 힘을 BELIEVE
시작이 반이야. 완벽하게 하려고 하기보다는 작은 것부터 시작해봐.

자기 자신을 BELIEVE
다른 사람이 뭐라고 해도 상관없어. 가장 중요한 건 내가 나를 믿는 거야.

220

5장

꿈만 꾸기에는
현실의 벽이 너무 높아!

한국 피겨의 새로운 역사, 차준환

아역 배우였던 차준환은 다양한 경험이 연기에 도움이 될 것이라는 생각에 피겨를 배우기 시작했다. 피겨 선수가 되기에 불리한 신체적 조건을 지녔지만, 각고의 노력 끝에 〈2025년 하얼빈 동계 아시안 게임〉에서 대한민국 피겨 남자 싱글 역사상 최초로 아시안 게임 금메달을 획득했다.

우리 집은 경제적으로
여유가 없어요

저는 고등학교 2학년 준호예요. 부모님이 작은 치킨집을 운영하세요. 코로나 때 경기가 안 좋아지면서 많이 힘들었지만, 그래도 부모님이 열심히 일하신 덕분에 우리 가족이 생활하는 데는 문제가 없었어요. 하지만 작년에 형이 대학에 입학하면서 집안 사정이 확 달라졌어요. 장사를 마치고 밤늦게 돌아오신 부모님은 매일 돈 이야기를 하세요. 형이 대학에 가면서 등록금이나 용돈으로 나가는 돈이 많아졌기 때문인 것 같아요.

저는 개발자가 되어 IT 기업에서 일하는 게 꿈이에요. 그래서 지금부터 프로그래밍을 배우며 공부하고 싶어요. 하지만 지금 저희 형편에 학원을 다니는 건 불가능할 것 같아요. 무료 강의 같은 것을 찾아 혼자 공부하고 있는데 쉽지 않아요. 같이 개발자 준비를 시작한 친구는 학원에서 진도를 쭉쭉 나가는데, 저는 아직 기본 문법도 헷갈려서 혼자 끙끙대고 있어요.

227

게다가 수능이 일 년도 남지 않아서 더 조급해요. 내신과 수능도 함께 준비해야 하니까요. 개발자가 되려면 프로그래밍 실력도 중요하지만, 관련 학과에서 공부하는 경험도 중요해요. 하지만 현실적으로 학원을 늘릴 수는 없어요. 담임 선생님께 이런 사정을 말씀드리자 4년제 대학의 컴퓨터공학과 말고 전문대 컴퓨터 관련 학과를 고려해보라고 하세요. 2년 만에 졸업해서 바로 취업할 수 있고, 그만큼 등록금 부담도 적다고요.

하지만 저는 4년제 컴퓨터공학과에 가서 더 깊이 있는 공부를 하고 싶어요. 빨리 취업을 할 수 있다는 이유로 공부 기간을 단축시키고 싶지는 않아요. 전문대를 선택하면 나중에 후회하게 될 것 같아요. 그렇지만 매일 돈 걱정을 하시는 부모님께 다른 학원을 더 다니게 해달라는 말을 차마 할 수가 없어요. 제가 4년제 대학에 가게 되면 부담해야 할 등록금이 두 배로 늘어나는 것도 걱정이에요. 어떻게 하는 게 좋을까요?

준호는 4년제 대학의 컴퓨터공학과에 진학해 프로그래밍과 소프트웨어 개발 등을 공부하고 싶어 했다. 하지만 집안의 형편 때문에 현실적으로 어려운 부분이 많았다. 내신이나 수능을 위한 교과 학원을 늘리는 것도, 4년제 공과대학의 등록금을 납부하는 것도 모두 부담인 상황이었다. 하지만 준호는 안정적인 미래를 위해서 반드시 4년제 대학을 졸업해야 한다고 믿고 있었다.

"준호야, 혹시 전문대나 부트캠프 출신으로 대기업에 입사해 개발 팀 팀장 자리에까지 오른 사람들의 이야기를 들어본 적 있니?"

준호는 처음 듣는 이야기라는 듯 귀를 기울였다. 4년제 대학에 진학하지 않고 개발자가 될 수 있는 다양한 경로를 설명하자 준호는 눈을 반짝였다. 마치 이제껏 존재하는지도 몰랐던 새로운 세상을 접한 사람처럼 말이다.

"전문대를 졸업한 후에 추가적인 공부가 필요하다고 느낀다면 4년제 학위를 취득해 대학원에 갈 수도 있어. 아니면 IT 기업에서 인턴 활동을 하며 실무 경험을 쌓을 수도 있지."

'4년제 대학에 가지 못하면 어쩌지?'라는 걱정에 무기력했던 준호는 자신이 알지 못했던 새로운 길을 발견하고 웃음을 되찾았다. 준호는 제한된 선택지가 아니라 다양한 가능성을 보기 시작했다.

시야를 넓히고 길을 넓히자!

반드시 4년제 대학에 진학해야만 프로그래밍을 공부할 수 있는 것은 아니다. 전문대 컴퓨터학과에서도 소프트웨어, 정보 통신, 정보 보안 등의 다양한 전공을 공부할 수 있다. 특히나 4차 산업혁명으로 IT 전문가에 대한 수요가 꾸준히 늘어나는 요즘은 관련 학과를 신설하는 대학이 증가하는 추세다. 그러므로 목표를 4년제 대학 컴퓨터공학과로 국한하기보다는 시야를 넓혀 다양한 길을 탐색할 필요가 있다.

IT 업계에서는 학력보다 실무 능력을 중요하게 평가하는 경우가 많다. 그러니 지금은 4년제냐 아니냐를 고민하기보다, 나의 진로 계획을 실현할 수 있는 배움의 터전이 어디인지를 가려내는 것이 우선이다. 학력에 대한 고정관념에서 벗어나, 주도적으로 프로젝트를 해결하고 결과물을 만들어 낼 수 있는 환경을 찾는 데 집중하자.

태연쌤의 진로 코멘트 현재 상태에서 지원이 가능한 4년제 대학 및 전문대의 목록을 추리고, 각 학교의 전공과목과 모집 요강을 참고해 다양한 경우의 수로 계획을 세워봐.

지원 제도를 적극적으로 활용하자!

국가에서는 준호처럼 경제적 어려움을 겪고 있는 학생이 금전적 부담을 덜고 공부에 집중할 수 있도록 지원하는 여러 제도를 운영하고 있다. 국가장학금과 학자금 대출이 대표적인 예시다. 국가장학금은 가정의 소득 분위를 파악하여 대학 등록금을 지원하는 제도다. 소득 수준에 따라 등록금의 일부 또는 전액을 지원받을 수 있다. 학자금 대출은 일반 대출보다 낮은 금리로 학업 지속에 필요한 금액을 빌릴 수 있는 제도다. 상환 기간 또한 넉넉해 부담이 적다.

그 밖에도 지방 자치 단체나 기업, 민간 재단에서 운영하는 장학금 제도도 많다. 소득이나 성적, 특정 분야에 대한 관심도 등을 기준으로 장학생을 선발해 무사히 학업을 마칠 수 있도록 지원한다. 또한, 대학에서 운영하는 교내 장학금과 근로 장학금 제도를 이용하는 것도 방법이다. 근로 장학금은 연구실이나 행정실 등 교내 기관에서 일하며 소정의 급여를 받을 수 있는 제도로, 돈을 버는 것 외에도 경험과 경력을 쌓을 수 있다는 장점이 있다.

준호가 처한 상황에서 4년제 대학에 진학하는 것은 어려운 도전일 수 있다. 하지만 **제도와 기회를 적극적으로 활용한다면 불가능한 일도 아니다.** 금전적 부담을 줄이면서도 자신의 꿈을 좇을 방법을 찾을 수 있다.

태연쌤의 진로 코멘트 지원받을 수 있는 장학 제도를 찾아보고, 어떤 기준이 적용되는지 확인해봐.

주어진 상황을 똑똑하게 이용하자!

전문 학원을 다녀야만 실전 경험과 포트폴리오를 쌓을 수 있는 건 아니다. 물론 일찍이 전문가의 도움을 받으며 공부하면 실력 향상에 많은 도움이 되겠지만, 혼자서도 할 수 있는 일도 많다.

준호는 전문 기관의 도움 없이 스스로 성장할 수 있는 계획을 세우기 시작했다. 먼저 코드 아카데미(Code Academy)에서 파이선(Python) 기초 과정을 체험하기로 했다. 그런 다음에는 인터넷에 공유된 고등학생 코딩 포트폴리오를 참고해 자신의 포트폴리오를 구성할 것이다. 시간이 날 때마다 간단한 웹페이지 제작 튜토리얼을 따라하겠다는 계획도 추가했다.

진로의 성취 여부를 결정하는 것은 '현재 자신이 처한 상황을 얼마나 효율적으로 이용하는가'이다. 환경을 탓하며 제자리에 머물기보다는 그것을 성장의 동력으로 삼는 태도를 갖자.

태연쌤의 진로 코멘트 무료로 수강할 수 있는 수준 높은 강의가 많아. 파이선 기초 무료 강의를 끝까지 들어보는 것부터 시작해봐.

상담을 통해 준호는 자신을 가두는 틀을 벗어던지고 다른 관점을 갖게 되었다. 꿈을 이루는 데 있어 중요한 것은 학력이 아니라 실력과 경험이라는 것을 깨달았다. 준호는 '학원에 다니지 못해 뒤처지고 있다'는 생각에서 벗어나 '내가 처한 환경 속에서도 얼마든지 성장할 수 있다'는 믿음을 얻었다. 또한 대학에 진학한 뒤 금전적 지원을 받을 다양한 제도가 있다는 사실도 알게 되었다.

준호에게는 4년제 대학에 합격하는 것부터가 쉽지 않은 도전이었지만, 돈 때문에 꿈을 포기해야 할지도 모른다는 생각은 어느 정도 떨쳐냈다. 이제부터는 한계 대신 새로운 가능성에 주목하기로 했다.

"경제적 어려움으로 꿈을 포기해야 할 때,
시야를 넓히면 한계 속에서 현실적이고
구체적인 방법을 찾을 수 있어!"

1. 현실적인 제약 때문에 꿈을 포기해야 한다면 어떤 마음이 들까?

2. 부모님의 한숨 소리를 듣는다면 어떤 생각이 들까?

3. 꿈을 이루기 위해 지금 바로 시작할 수 있는 작은 실천은 무엇이 있을까?

지방이라 정보와 기회가 부족해요

저는 고등학교 1학년 나영이에요. 제가 사는 동네는 서울에서 기차로 세 시간 정도 떨어진 곳이에요. 서울처럼 높은 건물도 없고, 각종 편의시설도 부족해요. 그래도 참 살기 좋은 동네예요. 소음공해에 시달릴 일도 없고, 밤이면 하늘을 수놓는 별도 볼 수 있어요. 저는 이런 우리 동네를 좋아해요.

그런데 고등학생이 되고 진로 고민을 시작하게 되면서 불편한 점이 생겼어요. 제 꿈에 다가갈 수 있는 정보와 기회가 너무 부족하다는 거예요. 저는 중학생 때부터 메이크업을 즐겨 했어요. 유튜브 영상을 보다가 완전히 빠져버렸지요. 처음에는 제 얼굴을 꾸미는 데 집중하다가, 친구들에게도 해주기 시작했어요. 그런데 생각보다 반응이 좋았어요. 처음에는 관심 없어 보이던 친구들도 하나둘 다가와 저에게 메이크업을 부탁할 정도였어요.

그렇게 친구들을 꾸며주다 보니 전문가에게 제대로 배우고 싶은 마음이 들었어요. 그래서 엄마를 졸라 6개월 동안 매주 토요일마다 기차로 한 시간을 이동해 미용 학원을 다녔어요. 그곳에서 메이크업을 배우다가 이미지 컨설턴트라는 직업을 알게 됐는데, 설명을 듣자마자 급격히 관심이 생겼어요. 개인의 특성을 분석해 거기에 맞는 이미지를 만들어주는 직업이라니, 너무 멋있잖아요!

하지만 고등학생이 되면서 더는 미용 학원에 다니기 어려워졌고, 이미지 컨설턴트에 대한 정보도 얻을 수 없게 됐어요. 혼자서라도 알아보고 준비하고 싶은데 쉽지 않아요. 제가 사는 동네에는 관련 기관이 없고, 선생님께 도움을 청해 봐도 잘 모르셔서 도움을 주지 못하세요. SNS를 보면 서울에 사는 학생들은 학원에 다니거나 포트폴리오를 만들고 있어요. 반면에 저는 어떻게 시작해야 하는지조차 알지 못해요. 이런 환경에서 제 꿈을 이룰 수 있을까요?

지방에 살고 있는 나영이의 상담은 화상 통화로 진행됐다. 카메라에 비친 나영이의 얼굴에는 근심이 어려 있었다. 나영이는 작년부터 이미지 컨설턴트라는 직업에 관심을 가지게 됐다. 처음 알게 된 생소한 직업이지만, 한 사람의 특성을 바탕으로 이미지를 구성한다는 점에 순식간에 매료되었다는 것이다. 하지만 나영이가 살고 있는 동네에서는 이미지 컨설턴트에 대한 정보와 기회를 얻기 쉽지 않았다. 관련 학원은 기차를 타고 한 시간이나 이동해야 했고, 주변에 조언을 구할 만한 어른도 없었다.

"생각할수록 저에게는 너무 먼 꿈인 것 같아요."

나영이는 의기소침한 목소리로 그렇게 말했다. 그런 나영이에게 그동안 꿈을 이루기 위해 어떤 노력을 해왔는지 물었다. 그러자 나영이는 아무런 말도 하지 못하고 입을 다물었다. 이때까지 정보와 기회가 부족하다고 한탄하기만 했지 실제로 행동에 옮긴 게 아무것도 없다는 걸 깨달았다.

"지방에 산다고 해서 불리한 점만 있을까? 이 환경에서 꿈을 키워나가려면 어떻게 해야 할까?"

그때부터 나영이는 자신이 처한 상황을 다른 시각으로 바라보기 시작했다. **지방에 살기 때문에 불가능한 일이 있지만, 반대로 지방에 살기 때문에 가능한 일이 있을 거라는 생각이 문득 들었다.**

정보 수집에 검증 절차를 도입하자!

나영이는 상담 후 새로운 방법을 시도했다. 무작정 정보를 모으는 대신, 자시만의 '정보 검증 시스템'을 만드는 것이다. 1주차에는 이미지 컨설턴트에 대한 정보를 얻을 수 있는 유튜브 채널 5개를 선정하고, 각 채널에서 '고등학생 때 준비하면 좋은 것'을 알 수 있는 영상을 추려냈다. 2주차에는 5개의 채널이 공통적으로 언급하는 내용만 골라냈다. 그렇게 발견한 내용은 '색깔과 패션에 대한 감각 기르기'와 '포트폴리오 준비하기'였다. 핵심을 알게 되자 나아갈 길이 보였다. 3주차에는 검증된 정보를 바탕으로 구체적인 실천 계획을 세웠다. 나영이는 매주 패션 잡지를 한 권씩 분석하고, 그것을 바탕으로 스타일링 연습을 하기로 했다.

이 과정에서 나영이는 단순히 정보를 소비하는 데서 한 걸음 나아가 정보를 선별하고 체계화하는 능력을 키웠다. 불필요한 정보에 휘둘리지 않고 본질에 집중할 수 있게 되자, 부족한 인프라 속에서도 스스로 길을 개척할 수 있다는 자신감이 생겼다.

태연쌤의 진로 코멘트 관심 분야의 유튜브 채널 5개를 선정하고, 같은 주제의 영상에서 공통으로 언급되는 핵심 내용을 세 가지만 찾아봐!

지방 특성을 차별화 전략으로 활용하자!

나영이는 비수도권 지역의 정보 불균등을 탓하며 좌절하는 대신,

지방의 특성을 활용해 독특한 경험을 쌓기로 했다. 나영이가 사는 지역에서는 계절마다 크고 작은 행사가 열렸다. 나영이는 그런 행사에 자원봉사자로 참여해, 공연이나 패션쇼 무대에 오르는 사람들의 메이크업과 스타일링을 담당했다. 지역 주민이 직접 참여하는 행사이다 보니 저마다의 개성이 뚜렷한 다양한 연령대의 사람들을 만날 수 있었다.

나영이는 자신이 스타일링한 사람들의 사진을 찍어 기록을 남겼다. 사진마다 어떤 의도와 콘셉트로 스타일링했는지 메모를 더해 포트폴리오를 만들었다. 학원에서 배운 기법과 실습 내용을 정리한 일반적인 포트폴리오와 달리, 나영이의 것에는 현장에서 실제로 부딪히며 얻은 값진 경험이 담겨 있었다.

태연쌤의 진로 코멘트   우리 지역이기 때문에 가능한 독특한 경험 세 가지를 생각해보고, 그중 한 가지를 실천으로 옮겨봐.

혼자여도 괜찮은 네트워킹 시스템을 만들자!

나영이는 굉장히 적극적인 아이였다. 생각의 물꼬를 터주자, 불균등한 현실을 딛고 일어나 스스로 길을 개척하기 시작했다.

먼저 나영이는 SNS에서 알게 된 이미지 컨설턴트에게 연락을 취했다. 해당 직업에 관심을 가지고 준비하고 있는 고등학생인데 조언을 구할 수 있을지 물은 것이다. 메시지를 보낸 10명 중 2명에게 답장이 왔고, 나영이는 그들과의 질의응답을 통해 정보와 방향성을 얻을 수 있었다. 또 하루는 동네 미용실에 견학을 요청했다. 수십 년 동안 같은 자리를 지키고 있는 미용실 사장님들의 이야기에는 책에서는 배울 수 없는 현실이 담겨 있었다. 미용을 시작할 때 주의해야 할 점에 대해서도 상세히 들을 수 있었다.

이렇게 수집한 정보를 바탕으로 나영이는 성장 지표를 만들었다. 처음 한 달 동안에는 이론을 이해하고, 3개월 뒤에는 이론을 바탕으로 포트폴리오로 활용할 실제 스타일링 경험을 쌓기로 했다.

태연쌤의 진로 코멘트 우리 동네에서 내 꿈에 대해 조언을 구할 수 있는 사람이나 장소를 찾아봐.

마지막 상담에서 나영이는 가끔 쉽게 정보와 자료를 얻는 수도권 학원에 다니는 학생들이 부럽다고 이야기했다. 하지만 이제는 그래도 괜찮다며 자신감을 보였다.

이제 나영이는 스스로 네트워크를 구축하고 정보를 수집할 줄 알았다. 게다가 지역적 특성을 차별화 요소로 활용하는 방법도 터득했다. 처음과 비교하면 놀라운 발전이었다. 가장 큰 변화는 마음가짐이었다. 예전에는 해보기도 전에 어려울 것 같다고 했지만, 지금은 시간이 조금 걸리더라도 어떻게든 해낼 수 있다는 확신이 생겼다.

"정보가 없다고 생각했는데,
사실은 정보를 찾는 방법을 몰랐던 거였어.
지방에 살아도 얼마든지 꿈을 키울 수 있어."

1. 내가 살고 있는 지역의 특성을 간단히 소개해보자.

2. 꿈을 이루기 위해 부족한 부분을 찾고, 보완할 수 있는 방법을 써보자.

3. 같은 고민을 하는 후배에게 어떤 조언을 해줄 수 있을까?

사교육 없이도
진학할 수 있을지 불안해요

저는 중학교 3학년 재우예요. 제 꿈은 생명과학 분야 연구자가 되어 새로운 치료법을 개발하는 거예요. 그러려면 반드시 대학에 진학해 전문 지식을 쌓아야 해요. 그래서 저는 꿈을 이루기 위해 그 어느 때보다 열심히 공부하고 있어요. 하지만 요즘 부쩍 한계를 느껴요. 사교육에 대해 부정적인 생각을 가지고 계신 부모님 때문에 모든 공부를 혼자 힘으로 해 나가고 있거든요.

부모님은 언제나 "자기 주도 학습 능력이 진짜 실력이다."라고 말씀하세요. 또, 과도한 선행보다는 때에 맞는 공부를 하는 게 좋다고 생각하시지요. 저도 어느 정도는 동의해요. 하지만 그런 부모님이 답답하게 느껴질 때가 많아요. 친구들은 모두 학원에 다니거나 개인 과외를 받으며 적게는 한 학기, 많게는 일 년의 선행 학습을 하고 있거든요. 그뿐인가요? 학원에서는 시험에 나오는 내용만 모아둔 개념서나 기출문제집을 나눠주기도 해요. 더 적게 공부하면서 더 좋은 성적을 낼 수 있도록 말이에요. 제가 아무리 열심히 한다고 해도 학교 수업만으로는 그런 친구들을 따라가기 어려운 게 현실이에요.

사교육을 받으며 선행 학습과 심화 학습을 하는 친구들이 대부분이니 학교 선생님께서도 그들의 눈높이에 맞춰 수업을 진행하세요. 기초적인 내용은 다들 이미 알고 있을 거라고 생각하시는 거예요.

이런 상황을 부모님께 말씀드려도 달라지는 건 없어요. 아빠는 언제나 "무작정 남을 따라가지 말고 너에게 맞는 방법을 찾아." 라고 말씀하시지만, 이대로 뒤처져서 대학에 가지 못하고, 제 꿈도 이루지 못하게 될까 봐 걱정돼요.

"학원에 다니는 친구들이 부러워요."

재우는 예상 밖의 말을 꺼냈다. 학업 문제로 상담실을 찾는 학생들은 대부분 부모님의 높은 교육열로 하루에도 학원을 몇 개씩 전전해야 하는 아이들이었다. 하지만 재우는 정반대였다. 부모님의 반대로 사교육을 하나도 받지 않고 있다는 것이었다.

하지만 재우는 중학교 3학년이 되며 사교육의 필요성을 절실히 느끼고 있었다. 더 이상 자기 주도 학습만으로는 좋은 성적을 내기 어려워진 탓이다. 매일 성실히 공부해도 학원이나 과외를 통해 선행 학습을 하며 앞서 나가는 친구들을 따라잡기는 역부족이었다. 친구들의 손에는 언제나 학원에서 준 개념 요약집이나 최다 빈출 기출 문제 같은 것들이 들려 있었고, 재우는 자신은 가질 수 없는 그것을 부러워했다.

다른 과목도 마찬가지지만 과학 시간에는 특히 괴로웠다. 자신은 개념을 제대로 이해하기도 벅찬데, 학원에 다니는 친구들은 심화 문제도 어렵지 않게 풀어냈다. 그러면 선생님은 대부분 학생이 이해했다고 생각하고 다음 진도로 넘어갔다. 그때마다 재우는 초라해지는 자신을 발견하고 눈물을 삼켰다.

"고등학교에 가면 내용이 더 어려워질 텐데 제가 잘 해낼 수 있을지 모르겠어요. 거기다 상대평가로 성적을 매긴다고 하니 걱정이 이만저만이 아니에요."

객관적인 나의 상태를 확인하자!

선행 학습 여부가 학업 성취도를 결정하는 것은 아니다. 적게는 한 단원에서 많게는 한 학년까지 앞서 나가는 친구들을 보면 마음이 조급해질 수 있다. 하지만 중요한 건 선행 정도가 아니라 탄탄한 기초라는 것을 기억하자. 기초를 탄탄히 다지면 속도가 조금 느리더라도 반드시 따라잡을 수 있다.

재우가 가장 먼저 해야 할 일은 현재 자신의 학습 수준을 객관적인 성적표로 확인하는 것이다. 어쩌면 다른 친구들에 비해 뒤처지고 있다는 것은 재우 혼자만의 생각일지도 모른다. 지나친 불안과 두려움에 시달린 나머지 확인되지 않은 사실을 믿어버리게 된 것이다. 그럴 때는 객관적인 성취도를 파악함으로써 사실을 확인하고 불안을 잠재워야 한다.

재우는 학교 시험과 모의고사를 활용해 자신의 현 위치를 확인하기로 했다. **그 과정에서 아는 것과 모르는 것을 구별하는 연습을 했는데, 보완해야 할 점이 드러나며 학습 방향을 재설정할 수 있었다.** 자가 학습 진단과 피드백이 가능해진 것이다.

태연쌤의 진로 코멘트 난이도가 지나치게 높은 문제를 선택하면 객관적인 판단이 어려울 수 있으니 주의해야 해!

혼자 하는 공부의 한계를 뛰어넘자!

사교육을 받아야만 좋은 성적을 유지할 수 있다는 생각은 착각이다. 물론 학원이나 개인 과외가 학습 효율을 높여주는 것은 사실이지만, 그것이 유일한 길은 아니다. 우리 주변에는 학습을 돕는 다양한 도구와 콘텐츠가 있다.

EBSi가 대표적인 예시다. EBSi는 한국교육방송공사가 운영하는 온라인 교육 사이트로, 대부분의 강의와 자료를 무료로 배포하고 있다. 모든 학생에게 균등한 교육의 기회를 제공하기 위해 만들어진 사이트인 만큼 양질의 콘텐츠를 제공하고 있어, 혼자 학습하는 학생들에게 많은 도움이 된다. 최근에는 AI 맞춤 학습 기능을 도입해, 과목별·난이도별 시험지를 직접 생성해 사용할 수 있도록 하고 있다.

온라인 학습 커뮤니티를 활용하는 것도 좋은 방법이다. 사교육을 받지 않고 혼자 힘으로 학습을 이어가는 다른 학생들의 경험을 듣고, 그들의 공부 노하우를 습득해 나의 학습에 적용해보는 것이다. 그렇게 하면 다양한 학습 방식을 터득할 수 있고, 스스로 계획하고 문제를 해결하는 능력을 키울 수 있다.

태연쌤의 진로 코멘트 어떤 학습 자원을 활용할 수 있을지 스스로 알아봐. 좋은 성적은 누가 가르쳐주느냐보다, 내가 주어진 학습 자원을 얼마나 적극적으로 활용하느냐에 달려 있어.

비교 방식을 바꾸자!

타인과 나를 과도하게 비교하면 열등감이 생기고 불안도가 높아진다. 자신을 객관적으로 평가하기보다는 감정만 요동치게 만들 때가 많다. 재우가 사교육을 받는 친구들과 자신을 비교하며 '고등학교에 가면 뒤처질 것이다'라고 생각하게 된 것처럼 말이다.

"타인과 나를 비교하지 말고, 과거의 나와 현재의 나를 비교하자."

비교를 하지 않을 수 없다면 비교의 기준을 바꾸는 것도 방법이다. 어제의 나와 오늘의 내가 어떻게 다른지, 얼마나 성장했는지 혹은 성장하지 못했는지를 기록하고 점검하면 자기 발전에 집중하는 마음과 자기 주도적 학습 태도를 기를 수 있다.

재우는 하루 동안 공부한 내용을 상세히 기록해보았다. 공부한 개념과 푼 문제를 요약해 정리하고, 일주일 단위로 되돌아보며 성취 정도를 비교하는 것이다. 이렇게 하면 타인과의 비교에서 오는 불안과 압박감을 줄이고, 자신의 속도를 유지하며 성장할 수 있다.

태연쌤의 진로 코멘트 공부 일지를 쓸 때는 '수열 응용 문제 30개 풀기', '영어 단어 100개 외우기'처럼 상세하게 적는 것이 중요해.

재우에게 필요했던 것은 남들과 다른 방식으로 성공할 수 있다는 것을 증명할 기회였다. 이번 상담을 통해 재우는 그 기회를 얻었고, 시행착오를 겪으면서도 포기하지 않고 방법을 찾아갈 때 비로소 길이 드러난다는 것을 알게 되었다.

"헤매고 방황하는 과정을 통해
학원에서는 배울 수 없는 나만의 스킬을 터득했어."

1. 사교육을 받는 친구들을 볼 때 어떤 마음이 드는가?

2. 혼자 공부할 때 가장 외로운 순간은 언제일까?

3. 스스로 문제를 풀었을 때 가장 뿌듯했던 기억을 다시 떠올려보자.

4. 1년 후 내가 원하는 나의 모습은 무엇인가?

집에서 공부하기
어려운 환경이라 너무 힘들어요

저는 고등학교 1학년 지영이에요. 얼마 전에 고등학생이 되면서 공부량이 전과는 비교도 안 되게 늘어났어요. 그런데 집에서는 공부하기가 어려워서 고민이 많아요.

우리 가족은 방 두 개짜리 아파트에서 살고 있어요. 부모님과 저, 그리고 초등학교 4학년인 동생까지 식구는 모두 넷이에요. 저는 동생과 한방을 사용해요. 방이 좁은데 침대와 책상이 두 개씩 들어와 있으니 꽉 차서 지나다니기도 불편해요.

게다가 아직 동생이 어려서 공부에 방해될 때가 많아요. 동생은 학교에서 돌아오자마자 게임을 해요. 친구들과 육성으로 소통하며 한밤중까지 게임을 하는데, 그 소리가 너무 시끄러워서 공부에 집중하기가 어려워요. 또, 어린 동생이 일찍 잠자리에 들다 보니 늦게까지 불을 켜놓을 수도 없어요. 저도 늦은 시간에는 피곤해서 집중력이 흐트러지기도 하고요. 거실에 나가서 공부하려 해도

248

아빠가 TV를 보고 계셔서 힘들어요.

그러다 보면 숙제만 겨우 하고, 예습이나 복습은 하지 못할 때가 많아요. 이제부터 본격적으로 수능을 준비하다 보면 공부에 더 많은 시간을 쏟아야 할 텐데 걱정이 이만저만이 아니에요. 저처럼 집에서 공부하기 힘든 친구들은 주로 독서실이나 스터디카페에 가지만, 저는 용돈이 넉넉하지 않아 매일 그런 곳에 갈 수 없어요. 이런 환경에서 어떻게 공부해야 할지 모르겠어요.

축 처진 어깨를 하고 상담실로 들어선 지영이에게 고등학교 생활은 어떤지 묻자 그럭저럭 잘 적응하고 있다고 대답했다. 친구도 많이 사귀었고, 처음에는 어렵게만 느껴지던 교과목에도 차츰 익숙해져 가고 있다고 말이다. 중학교 때보다 수업 시간이 길어지고 공부해야 하는 양이 많아졌지만 그것도 괜찮다고 말하며, 문제는 학교가 아니라 집에 있다고 털어놓았다. 공부에 집중할 공간이 없어서 애를 먹고 있다는 것이다.

지영이에게는 초등학교 4학년인 남동생이 있었다. 요즘 한창 게임에 빠진 동생은 학교와 학원에 있는 시간을 제외한 모든 시간에 게임을 했다. 문제는 다른 유저들과 육성으로 대화를 나누며 해야 하는 게임이라는 것이다. 동생은 몇 시간씩이나 게임을 하며 소리를 지르고 떠들었다. 지영이는 그 소리 때문에 공부에 집중할 수가 없었다. 동생에게 공부해야 하니 조용히 해달라고 부탁하면 동생은 자신도 스트레스를 풀어야 한다고 반박했다. 부모님이 중재해주기를 바라며 이야기를 꺼내보기도 했지만, 어머니는 그저 서로 양보하며 지내라고만 하신다. 집이 좁으니 어쩔 수 없는 일이기는 했다.

고등학교에 진학하며 학업에 대한 부담감이 부쩍 늘어난 지영이에게는 이 모든 상황이 스트레스 요소로 다가왔다. 자신도 다른 친구들처럼 공부에만 오롯이 집중할 수 있는 시간과 공간이 있었으면 했다. 하지만 마땅한 대책이 없어 혼자 속으로 끙끙 앓기만 할 뿐이었다.

"이대로 고등학교 3학년 때까지 버틸 수 있을지 모르겠어요."

지영이는 한숨을 크게 내쉬었다.

시간에 따라 공간을 나누자!

"시간대마다 공간의 주인을 정하는 건 어떨까?"

지영이와 가족들의 하루 일과표를 그려 보니 가족 구성원의 생활 패턴을 파악할 수 있었다. 일과표에 따르면 동생은 오후 4시부터 6시까지 가장 활발하게 게임을 한다. 8시부터 9시까지는 어머니가 드라마를 보고, 10시 이후에는 아버지가 TV를 본다. 이 패턴을 바탕으로 지영이는 새로운 공부 계획을 세웠다. 동생이 게임을 하는 시간에는 거실에서 공부하고, 저녁 식사 이후 가족들이 TV를 보는 시간에는 방에서 공부하기로 했다. 늦은 시간에는 동생이 잠자리에 든다는 점을 고려해 스탠드를 활용하기로 했다.

처음에는 시간마다 장소를 옮겨 다니며 공부하는 것이 번거롭고 불편했지만, 일주일 정도 지속하다 보니 금세 익숙해졌다. **한정된 공간이었지만 가족으로부터 방해받지 않고 공부할 수 있는 질서가 만들어진 셈이다.**

태연쌤의 진로 코멘트 가족들의 일과를 한눈에 알아보기 쉽게 정리하고, 그것을 참고해 공간 활용도를 높여봐.

동생을 공부 파트너로 만들자!

지영이에게 동생과 함께 공부하는 시간을 가져보는 게 어떠냐고 제안했을 때, 지영이는 말도 안 되는 이야기라는 듯 "그게 가능할까요?" 하고 되물었다. 이제까지 한 번도 그래본 적이 없기 때문이었다. 하지만 의견을 나눠 방법을 조율하면 충분히 시도해볼 만했다.

251

지영이와 동생은 서로에게 미션을 주는 방식으로 공부를 시작했다. 예를 들어, 각자 공부할 내용을 10분씩 살펴본 뒤 서로에게 퀴즈를 내는 것이다. 정답을 맞추지 못했을 때는 간단한 벌칙을 수행함으로써 학습이 아니라 게임 같은 분위기를 자아낼 수 있도록 했다. 처음에 동생은 어색해하며 자리를 뜨려고 했지만, 꾸준한 연습 끝에 매일 한 시간씩 함께 공부하는 시간을 확보할 수 있었다. 또 지영이가 공부를 봐주며 시간을 함께 보내자 동생도 조금씩 변화하기 시작했다. 어느 순간부터는 정해진 시간만큼은 게임을 잊고 공부에 집중했다. 이렇게 동생을 공부 파트너로 만들자 열악한 환경에서도 집중력을 잃지 않고 공부 효율을 높일 수 있었다.

태연쌤의 진로 코멘트 두 사람만의 규칙을 만들어 적용하면 더욱 게임 같은 느낌을 낼 수 있어.

집중할 수 있는 바깥 공간을 찾자!

학교의 자율학습실과 도서관 열람실처럼 무료로 개방된 시설을 활용하는 것도 방법이다. 그런 공간은 집중력을 끌어올릴 수 있는 환경을 조성해두어, 다른 요소들로부터 방해받지 않고 공부에만 집중할 수 있다. 특히 지자체에서 운영하는 도서관은 평일과 주말 모두 늦은 시간까지 이용 가능하다는 장점이 있다. 그리고 학생뿐만 아니라 다양한 공부를 하는 사람들이 모여 있어 동기부여가 되기도 한다.

또는 스터디카페의 시간권을 이용할 수도 있다. 학교를 마친 뒤부터 밤늦게까지 스터디카페에서 공부하려면 금전적으로 부담이 될 테지만, 동생이 게임하는 주요 시간대에만 짧게 이용하는 것은 크게 부담스럽지 않을 것이다.

태연쌤의 진로 코멘트 나의 생활 반경 안에 위치한 무료 시설을 찾고, 나에게 가장 적합한 학습 환경을 선택하자.

지영이에게는 공부를 위한 완벽한 개인 공간이 없지만, 더 이상 환경 때문에 공부를 못 한다고 생각하지 않는다. 만족스럽지 않은 환경에서도 시간을 나누고 동생과 협력하며 공부할 수 있는 방법을 찾았기 때문이다. 또 공부 장소를 외부로 옮긴 것도 많은 도움이 되었다. 친구들과 함께 스터디카페에 가서 공부하는 색다른 경험을 해보기도 했다. 덕분에 성적도 제법 올랐다.

지영이의 사례는 제한된 주거 환경에서도 포기하지 않고 방법을 찾아가는 청소년들에게 희망을 준다. 완벽한 환경은 없어도, 어떤 환경에서든 최선을 다할 방법은 항상 있다. 지영이처럼 가족과의 협력과 공간 활용의 지혜를 배워가는 청소년들은 어떤 상황에서도 꿋꿋하게 목표를 향해 나아갈 수 있는 힘을 기르게 된다.

"환경을 탓하는 것보다
방법 찾는 게 훨씬 빠르구나!"

1. 집에서 공부할 때 가장 짜증나는 순간은 언제인가?

2. 공부가 가장 잘 되는 공간은 어디인가?

3. 내가 지영이라면, 부모님과 동생에게 어떤 말을 할까?

언어의 장벽 때문에
꿈을 이루기 어려워요

저는 중학교 2학년 나리예요. 초등학교 6학년 때까지 베트남에서 살다가 2년 전에 한국으로 왔어요. 엄마가 베트남 분이시거든요. 아빠에게 한국어를 배우긴 했지만, 태어날 때부터 6학년이 될 때까지 쭉 베트남에서만 살았기 때문에 아직은 베트남어가 더 익숙해요. 친구들과 자유롭게 소통할 수 있을 정도의 한국어 실력을 갖췄지만, 읽고 쓰는 건 어려워요.

그래서 수업을 따라가기가 힘들어요. 교과서에 나오는 어려운 단어들을 이해할 수 없어요. 함축적, 비유적, 상징적, 임진왜란, 광합성…… 이런 말은 아무리 봐도 익숙해지지 않아요. 글을 읽는 데 어려움이 있으니 시험을 보는 것도 쉽지 않아요. 특히 서술형 문제를 마주치면 답을 써보기도 전에 의욕을 잃어요. 한번은 시험에 '한옥의 냉난방 원리를 설명하시오'라는 문제가 나왔어요. 어떤 원리로 작동하는지 알고 있고 말로 설명할 수도 있었지만, 글로 쓸 수는 없었어요. 그래서 부분 점수도 받지 못하고 틀렸어요.

이런 저의 상태가 걱정인 진짜 이유는 제 꿈 때문이에요. 저는 이다음에 변호사가 되고 싶어요. 억울한 일을 당한 사람들의 편에서 그들을 변호하며 정당한 판결을 위해 싸우는 일이 멋있어 보였거든요. 그런데 변호사는 글을 많이 읽고 쓰는 직업이잖아요? 게다가 어려운 법률 용어를 주로 사용하고요. 지금 저의 읽기·쓰기 능력으로는 꿈도 꿀 수 없을 것 같아요. 진로 발표 시간에 제 꿈을 밝히자 선생님께서도 "한국어 공부를 좀 더 열심히 해야겠구나."라고 말씀하셨어요. 저를 걱정하고 격려하는 마음에서 하신 말씀이라는 걸 알지만 상처받았어요. 제가 변호사가 될 수 없을 거라는 말처럼 들렸거든요. 제 꿈은 어떻게 되는 걸까요?

며칠 전 진로 발표 시간에 선생님으로부터 '한국어 공부를 좀 더 열심히 해야겠다'라는 이야기를 들은 나리는 풀이 죽어 있었다. 나리의 꿈은 변호사가 되는 것인데, 그러기에는 나리의 한국어 실력이 많이 부족하다는 뜻이었다. 나리도 자신의 한국어 실력이 부족하다는 것을 잘 알고 있었다. 나리에게는 글자를 읽고 써야 하는 모든 순간이 고비였다.

베트남인 어머니와 한국인 아버지 사이에서 태어난 나리는 태어난 이래로 쭉 베트남에서 살다가 2년 전에 한국으로 왔다. 아버지와는 한국어로 소통한 덕분에 한국어를 유창하게 구사할 수 있었지만, 읽고 쓰는 능력이 많이 부족했다. 기초 한국어 교재를 가지고 꾸준히 연습하고 있지만 획이 많거나 의미가 복잡한 한자어는 여러 번 보아도 외워지지 않았다. 나리는 언어의 장벽 때문에 꿈을 포기해야 할지도 모른다는 생각과 좀처럼 성장하지 않는 자신의 모습에 실망스러움을 감추지 못했다.

"하지만 나리는 한국어와 베트남어를 유창하게 말할 수 있잖아. 그건 굉장히 특별한 재능이야. 한국인과 베트남인의 정체성을 모두 가진 변호사로서 나리가 할 수 있는, 아니 나리만이 할 수 있는 일이 있지 않을까?"

특별함이라는 단어에 나리는 눈을 번쩍 떴다. 늘 자신이 부족하고 온전하지 못한 존재라고 생각했지, 그것을 특별함으로 받아들일 생각은 하지 못했던 것이다. 나리는 뜻밖의 답을 찾은 듯했다. '다름'을 부족함이 아니라 특별함으로 바꿔 나가기 위한 출발선을 말이다.

257

다름에서 특별한 가치를 찾자!

베트남에서 나고 자란 나리는 언어 습득에 어려움을 겪고 있었지만, 한편으로는 그런 특징이 자신만의 강점이 될 수 있다는 것을 알지 못했다.

"나리가 변호사가 되면 베트남에서 온 사람들을 도와줄 수 있지 않을까? 너처럼 언어 때문에 어려움을 겪는 사람들 말이야."

나리는 한국어와 베트남어를 모두 이해하고 사용할 수 있는 자신의 특징이 다문화적 사고와 다양한 관점을 이해하는 능력으로 연결될 수 있다는 것을 깨달았다.

물론 한글을 읽고 쓰는 능력까지 완벽하게 갖추었다면 더 좋았겠지만, 그렇지 않다고 해서 변호사의 꿈을 포기해야 하는 것은 아니다. 그 문제는 시간을 가지고 노력하면 얼마든지 극복할 수 있다. 아기가 처음 말을 배울 때처럼 기초부터 하나씩 다지면 언젠가는 한글을 읽고 쓰는 능력도 수준급으로 탈바꿈할 것이다.

태연쌤의 진로 코멘트 부모님과 나의 특별함에 대해 이야기를 나눠보면 많은 도움이 될 거야.

체계적인 한글 공부를 시작하자!

　나리는 그동안 학업을 핑계로 미뤄 왔던 한글 공부를 본격적으로 해보기로 했다. 언어를 공부하는 가장 좋은 방법은 아기가 처음 말을 배울 때처럼 아주 기본적인 것에서부터 시작하는 것이다.

　글자 자체는 읽을 수 있지만 거기서 의미를 파악하는 능력이 부족한 나리는 먼저 짧은 동화를 읽기 시작했다. 삽화와 함께 글을 읽으며 낱말의 의미를 유추하는 연습을 하는 것이다. 동화를 어느 정도 능숙하게 읽을 수 있게 된 다음에는 조금 긴 분량의 청소년 책을 읽었다. 이번에는 모르는 낱말의 의미를 사전에서 찾아보며 읽는 훈련을 했다. 동시에 만화책과 웹툰을 읽으며 다양한 문체와 어투를 습득하기도 했다.

　이렇게 단계적으로 글을 읽어 나가자, 처음에는 도통 무슨 의미인지 알 수 없었던 활자들이 눈에 들어오기 시작했다. 일정 시간이 지난 뒤에는 눈으로 익힌 글자를 활용해 보다 의미가 풍부한 문장을 쓸 수 있게 되었다.

태연쌤의 진로 코멘트　언어 실력은 계단식으로 늘어. 그러니 조급해하지 말고 낮은 계단부터 차근차근 밟고 올라가봐.

나를 이해하는 사람들을 만나자!

어떤 방식으로든 해소할 수 없을 것 같은 막막함과 외로움이 찾아들 때는 나의 상황과 처지를 이해하는 사람을 만나면 심리적 안정을 얻을 수 있다. 예를 들면, 다문화 가족의 정착을 돕는 '다문화 가족 지원 센터'나 '이주 배경 청소년 지원 재단'에서 운영하는 상담 프로그램에 지원할 수 있다. 또한 그런 기관에서 주최하는 각종 교육 프로그램이나 행사에 참여해 다양한 사람들과 친목을 도모하고 생활에 도움을 받는 것도 좋다. 같은 어려움을 겪는 사람들과 경험을 나누면 나는 혼자가 아니라는 안도감을 느끼고, 문제를 헤쳐 나갈 힘을 얻게 된다.

상담 이후 이주 배경 청소년 지원 재단에서 개최한 한국어 수업에 참여한 나리는 대학에서 통번역을 전공하고 있는 언니를 만나 이야기를 나누었다. 그녀는 동시 통역사의 꿈을 가지고 있었고, 대학을 졸업하는 대로 대학원에 진학해 공부를 이어갈 계획이라고 했다. 나리는 그 언니를 보며 도전할 용기를 얻었다. 언니가 자신도 처음에는 한글이 어려웠다고 말해주었기 때문이다. 지금은 어엿한 대학생이 되어 통역을 공부하고 있는 그녀의 모습을 보며 나리는 훗날 로스쿨에서 법을 공부하는 자신의 모습을 떠올렸다.

나리는 변호사라는 자신의 꿈을 더욱 확고하게 굳혔다. 나아가 사회 시간에 새롭게 알게 된 국제 변호사라는 직업에까지 관심을 가지게 되었다. 상담을 통해 자신의 특별함을 깨닫고, 꿈을 위해 할 수 있는 노력이 무엇인지 터득했기 때문이다. 나리는 변호사가 되어 어려운 사람들을 돕는 자기 모습을 상상하며 한글 공부에도 박차를 가하고 있다.

"완벽하지 않아도 괜찮아.
나는 아직 못하는 것일 뿐이야."

1. "너는 이런 게 특별해."라는 말을 들었을 때 어떤 기분이 들었는가?

2. 못한다고 생각하는 일 중에서 가장 도전해보고 싶은 것은 무엇인가?

3. 힘들 때 누구에게 마음을 털어놓으면 좋을까?

외국에서 취업해 살고 싶어요

저는 고등학교 2학년 민채예요. 얼마 전에 호주로 이민을 간 이모를 만났어요. 처리할 일이 있어서 잠깐 한국에 오셨대요. 이모는 호주에서 사온 기념품을 잔뜩 건네시며 그곳에서의 일상 이야기를 들려주셨어요. 우리나라와는 계절이 반대라 지금 그곳은 여름이래요. 대체로 날씨가 맑고 기온이 높아서 온 동네 사람들이 공원과 해변에 누워 일광욕을 즐긴다고 해요. 이모의 이야기를 듣고 있으니, 마치 그곳이 천국처럼 느껴졌어요. 그러다가 저도 그곳에서 한번 살아보고 싶다는 생각을 하게 됐지요.

그날 이후 외국에서 돈을 벌며 생활할 방법을 알아보다가 '워킹 홀리데이'라는 제도를 알게 됐어요. 이미 많은 사람이 그 제도를 이용해 여러 나라에서 살아가고 있다는 것도요. 너무 좋은 기회인 것 같아서 저도 해보고 싶어졌어요. 학교를 졸업하자마자 호주로 워킹 홀리데이를 떠나기로 결심하고 부모님께도 알렸어요.

이모가 살고 있기 때문인지 부모님께서도 쉽게 허락해 주셨어요. 넓은 세상을 보고 좋은 경험을 쌓아 오라면서 말이에요.

지금은 학교에 다니며 신청 절차와 준비해야 할 것들에 대해 알아보고 있어요. 아직 시간이 많이 남긴 했지만, 미리미리 준비하면 좋을 것 같아서요. 그런데 본격적으로 알아보니 생각보다 신경 써야 할 게 많아요. 제출해야 하는 서류도 많고, 신체검사도 해야 한대요. 당연히 영어 공부도 해야 하고요. 현지에서 일을 구하는 것도 쉽지만은 않아 보여요. 저는 아직 경험도 경력도 부족해서 할 수 있는 일이 없을 것 같아서 걱정이에요.

막연하게 '좋을 것 같다'고 생각만 하던 일이 현실로 다가오니 갑자기 자신감이 떨어졌어요. 자세히 알아보기 전에 무모한 결정을 내린 것은 아닌지 걱정돼요. 지금이라도 생각을 바꾸는 게 좋을까요?

"학교를 졸업하는 대로 호주로 워킹 홀리데이를 떠날 거예요."

민채는 뜻밖의 소식을 전해왔다. 용감한 결정을 내린 민채에게 축하와 응원의 말을 건넸다. 그런데 그 순간 민채가 숨겨 왔던 진심을 꺼내 보였다. 결정할 때까지는 새로운 도전에 가슴이 두근거리기만 했는데, 막상 준비하려니 괜한 일을 벌인 것은 아닐지 걱정이 된다

263

고 했다. 알아보니 준비 과정이 생각보다 복잡하고 필요한 것도 많았다. 게다가 한국에서 만반의 준비를 해서 떠나더라도 상상과 다른 현실에 금세 포기하고 돌아오는 경우도 많다는 것을 알게 됐다.

무엇보다 걱정인 것은 일이었다. 호주에 도착하면 일자리를 구해야 하는데, 아직 학생인 민채는 경력이 없어 쉽지 않을 것 같았다. 현지인처럼 영어 실력이 뛰어난 것도 아니라 애초에 선택지가 많지 않다는 것도 문제였다.

"괜히 가서 시간과 돈만 낭비하게 되면 어떡하죠? 그러는 동안 친구들은 한국에서 학교를 다니거나 진로와 관련된 일을 할 텐데, 저만 뒤처지는 건 아닐까 걱정돼요."

"민채가 워킹 홀리데이를 떠나고 싶은 이유는 뭐야?"

"이모의 이야기를 들으니, 호주라는 나라가 저와 잘 맞을 것 같았어요. 제가 하고 싶은 일을 찾게 될지도 모른다는 기대도 있었고요. 고민 끝에 대학에 진학하지 않기로 했는데, 막상 그렇게 결정하고 나니 세상으로부터 소외되는 것 같은 느낌이 들었거든요."

아직 관심 있는 분야나 하고 싶은 일을 찾지 못한 민채는 부모님과 상의하여 일단 대학에 진학하지 않기로 결정했다. 대학 졸업장을 따기 위해 원하지도 않는 공부를 하고 싶지는 않았기 때문이다. 대신 나중에 정말 공부하고 싶은 분야가 생기면 그때 다시 입시에 도전하기로 했다. 하지만 소신에 따라 미래를 결정하고 나니 다른 사람들의 눈이 신경 쓰이기 시작했다. 자신을 '하자 있는 아이'처럼 바라보는 어른들의 시선은 아직 어린 민채를 주눅 들게 했다. 그래서 민채는 자신을 찾는 여정을 떠나고 싶었던 것이다.

철저한 준비로 불안을 넘어서자!

새로운 도전을 앞두고 긴장하거나 걱정하는 것은 자연스러운 일이다. **그러니 지레 겁먹고 포기하기보다는 준비를 더욱 철저히 해서 실전에 대비하는 것이 현명하다.** 예를 들어, 일자리를 구하지 못하게 될까 봐 걱정된다면, 지금부터 영어 회화를 연습하고 이력서를 준비하는 것이다. 다른 사람들의 경험담과 정보를 참고해 현지의 채용 정보를 찾아보는 것도 좋다. 만약 원하는 일이 전문 지식이나 특정 경력이 필요한 일이라면 그것 또한 떠나기 전에 준비할 수 있다. 민채에게는 아직 일 년 남짓한 시간이 있으니, 대비할 수 있는 시간이 충분하다. 그 시간을 막연한 불안감에 떨며 보내기보다는 완성도 높은 시작을 위한 준비 기간으로 활용하자.

태연쌤의 진로 코멘트 워킹 홀리데이 비자로 할 수 있는 일이 무엇인지 알아보고, 그중 나에게 맞은 일을 세 가지 뽑아봐.

워킹 홀리데이 선배에게 조언을 구하자!

오랜 시간 충분히 고민했음에도 확신이 서지 않을 때는 그 길을 먼저 걸었던 사람의 이야기를 들어보는 것이 도움이 된다. 어떤 계기로 해외살이를 결심하게 되었는지, 그 결정에 후회는 없는지, 상상을 현실로 만들기 위해 어떤 노력을 했는지 등, 내 결정에 도움을 줄 수 있는 콘텐츠를 찾아보고 필요한 경우 소통을 통해 조언을 구해보자.

민채는 블로그와 유튜브를 이용해 여러 사람의 호주 워킹 홀리데이 후기를 살펴봤다. 그중에서 가장 인상 깊었던 것은 지게차 운전사로 취직한 20대 여성의 이야기였다. 한국에서 이름만 들어도 알 만한 대학을 졸업했지만, 취업 경쟁에서 여러 차례 실패를 겪고 늦은 나이에 워킹 홀리데이를 결심했다고 했다. 그녀도 민채처럼 다른 사람들의 시선에서 벗어나 진짜 자기 자신을 찾고 싶었다고 말했다. 호주에 와서 새로운 사람들을 만나고, 경쟁하지 않아도 되는 일을 하며 비로소 진정한 자기 모습을 되찾았다고 말하는 그녀를 보며 민채는 떠날 용기를 얻었다.

태연쌤의 진로 코멘트 최근 워킹 홀리데이 지원자가 대폭 늘어나면서 국가별로 선발 조건이 시시각각 변화하고 있어. 그러니 가능한 최신 정보를 수집하는 것이 좋겠지?

나만의 속도를 존중하며 천천히 나아가자!

대다수 사람이 선호하는 목표라고 해서 나도 그것을 추구해야 하는 것은 아니다. 삶에는 정해진 답과 속도가 없다는 것을 마음에 새기고, 내가 원하는 길과 속도를 존중하며 한 걸음씩 나아가는 것이 중요하다. 남들이 빠르게 달린다고 해서 나도 따라 뛸 필요는 없다. 그런 경우 오히려 많은 것을 놓치게 된다.

민채는 대학에 진학하지 않기로 한 자신의 선택을 후회하지 않는다. 가끔 그런 민채를 이상하게 보는 시선을 신경 쓰기는 하지만, 휘둘리지는 않으려 노력한다. 그들과 자신은 목표한 지점이 다르다는 것을 알기 때문이다. 민채는 자신이 선택한 여정에 책임을 지며 나아갈 길을 스스로 개척하려 한다. 그 과정에서도 속도와 결과보다는 풍경과 성장에 주목할 것이다.

태연쌤의 진로 코멘트 지금의 나를 만든 나의 선택 세 가지를 적어 봐!

요즘 민채는 워킹 홀리데이 준비에 박차를 가하고 있다. 원활한 구직 활동을 위해 영어 사용 능력 평가 시험인 IELTS까지 준비하고 있어 더욱 바쁜 나날을 보내는 중이다. 이런 민채의 확신에 찬 모습은 상담 전과 확연히 다르다. 더 이상 자신의 미래와 가능성을 의심하지 않고, 지금 할 수 있는 일을 하며 앞으로 나아가고 있다. 새로운 도전을 겪은 뒤에 자신이 얼마나 배우고 성장할지 기대하면서 말이다.

"정보의 홍수 속에서도
나만의 기준으로 길을 찾아가자."

1. 다른 사람의 속도에 맞춰 걸어야 할 때 어떤 기분이 들까?

2. 내가 선택한 길이 남들과 나를 때, 나를 지탱하는 것은 무엇일까?

3. 지금까지 내가 해온 선택 중 가장 특별한 것은 무엇일까?

4. 남들과 비교하지 않고 자신에게 집중하려면 어떤 태도가 필요할까?

유튜버가 되어
돈을 많이 벌고 싶어요

저는 중학교 1학년 지우예요. 요즘 친구들과 모이면 유튜브 이야기만 해요. 얼마 전에는 한 친구가 "요즘 유튜버가 의사보다 돈을 더 많이 번대."라고 했어요. 궁금해서 기사를 찾아봤더니 정말이었어요. 구독자가 100만 명이 넘는 유튜버는 수입이 억 단위래요. 그 기사를 보고 깜짝 놀랐어요. 얼마 전에 제가 좋아하는 유튜버가 100만 구독자를 달성하면서 비싼 물건 구매를 인증하는 영상을 올렸거든요. 명품 가방부터 고사양 카메라까지 온갖 값비싼 물건은 다 있었어요. 그걸 보고 유튜버가 되면 저런 물건을 부담 없이 살 수 있다고 생각했어요. 댓글에도 부럽다는 이야기가 가득했지요.

그래서 저도 유튜버가 되어보기로 하고, 제가 좋아하는 웹툰 리뷰 영상을 만들어서 올려봤어요. 다른 영상들을 참고해서 밤새 편집하고 썸네일도 직접 만들었어요. 그런데 일주일이 지나도 조

269

회수가 12회밖에 되지 않았어요. 댓글은 하나도 없었고요. 저는 큰 충격에 빠졌어요. 쉽게 인기 채널이 될 수 있다고 생각했는데 그게 아니라는 걸 깨달았어요.

솔직히 말하면, 유튜버는 재미있게 놀면서 돈을 버는 직업인 줄 알았어요. 하지만 직접 해 보니 이것도 상당한 노동이더라고요. 기획부터 편집까지 할 일이 정말 많아요. 그런데도 제대로 해 보고 싶은 마음이 들었어요. 사람들이 제가 만든 콘텐츠를 재미있게 보는 모습을 상상만 해도 짜릿해요.

그래서 엄마께 말씀드렸더니 그런 걸로 성공하는 사람은 정말 극소수라며 반대하세요. 아빠는 딱히 반대하지는 않으시지만 제가 유튜버로 성공할 거라고 생각하지 않으시는 것 같아요. 친구들도 '잠깐 저러다 말겠지'라고 가볍게 여겨요. 하지만 그렇지 않다고 당당하게 말할 수 없어요. 저부터도 제 선택에 확신이 없으니까요.

유튜버가 되겠다고 선언한 후, 지우는 어머니와 자주 부딪혔다. 어머니는 지우가 현실을 보지 못하고 헛된 이상을 좇는다고 생각했다. 유튜브로 이름을 알리고 성공한 사람은 극히 일부인데 아들이 그것을 진로로 삼겠다고 하니 눈앞이 깜깜했다. 어머니는 지우가 그런 일에 몰두할 시간에 책을 한 장 더 읽기를 바랐다.

오늘도 어머니와 언쟁을 벌인 지우는 뾰로통한 얼굴로 상담실 문을 열고 들어왔다. 상담을 기다리는 동안에도 지우는 쉴 새 없이 휴대폰을 만지작거리며 영상을 편집하고 있었다. 그 모습을 보고 영상 하나를 만드는 네 평균적으로 얼마나 걸리는 편인지 묻자, 지우는 하루 종일이 필요하다고 대답했다. 편집부터 녹음까지 해야 할 일이 정말 많다고 했다.

갑자기 유튜버라는 직업에 관심을 가지게 된 계기가 있는지 물었더니, 유튜버가 돈을 많이 번다는 친구의 말 때문이라고 했다. 처음에는 거짓말인 줄 알았는데 찾아보니 정말 그렇다는 것이다.

"모든 유튜버가 그렇게 돈을 많이 벌까?"

"실은 저도 그게 궁금해요."

"그러면 유튜버가 실제로 얼마를 버는지 한번 알아볼까? 그리고 그렇게 성공하기까지 어떤 과정을 거치는지도 말이야. 화려한 성공담 뒤에 드러나지 않은 현실도 있을 거야."

그러자 지우의 눈이 반짝였다. 처음에는 쉽게 돈을 벌 수 있는 일이라는 이유로 유튜버라는 직업에 관심을 가졌던 지우가 이제는 '내가 좋아하고 잘할 수 있는 일'인지 고민하기 시작했다. 꿈과 현실 사이에서 균형을 잡는 것이 앞으로 지우가 풀어야 할 숙제였다.

유튜버 수입의 현실을 파헤치자!

지우는 대부분 유튜버가 의사보다 높은 수익을 낸다고 믿었다. 하지만 직접 확인한 현실은 전혀 달랐다. 유튜버 중 상위 100명 정도는 1년에 20~30억 원의 수익을 창출하며 실제로 의사의 평균 연봉을 크게 웃도는 돈을 벌어들였다. 하지만 이건 정말 극소수에 불과했다. 유튜버의 절반 이상은 1년에 100만 원 미만의 수익을 내고 있었다. 심지어 구독자가 200만 명이 넘는 유명 유튜버가 한 매체에서 "조회 수 100만 회당 60만 원 정도를 받아요."라고 말하며 주목을 받은 적도 있었다.

"그러면 평균적으로 유튜버가 의사보다 연봉이 높다는 건 사실이 아니네요?"

"맞아. 게다가 의사는 매년 일정한 수입이 발생하지만, 유튜버는 그렇지 않은 경우가 많아. 기본적인 생활을 유지하기 힘들 정도로 적은 수익을 내기도 해."

주목할 점은 그것뿐만이 아니었다. 성공한 극소수의 유튜버는 고강도 업무 환경에 놓여 있었다. 업무와 일상의 경계가 흐릿한 직업 특성상 하루의 절반 이상을 일로 보내는 사람도 많았다. 지우는 생각했던 것과 많이 다른 현실에 크게 놀랐다.

좋아하는 유튜버의 영상을 보면서 작업 과정을 상상해보자. 그러면 미처 알지 못했던 현실이 보일 거야.

취미와 일의 차이를 알아보자!

평소 웹툰 보는 것을 좋아하는 지우는 웹툰 리뷰 채널을 만들었다. 비교적 잘 알려지지 않은 웹툰을 숏폼 형식으로 소개하며 시청자들이 작품에 관심을 갖도록 유도했다. 주로 1분 미만의 영상을 만드는데도 많은 시간이 소요됐다. 영상을 기획하고 편집하는 것 외에도 더빙 녹음이나 썸네일 제작 등 할 일이 많았다. 그런 작업이 재미있기는 했지만, 한편으로는 부담이 되기도 했다.

좋아하는 웹툰을 소개하고 싶은 마음에서 시작했지만 매주 새로운 콘텐츠를 기획하는 건 쉽지 않았다. 다양한 웹툰을 소개하려면 그만큼 새로운 작품을 많이 발굴해야 하는데, 온종일 영상 편집을 붙잡고 있다 보면 정작 웹툰을 볼 시간이 나지 않았다. 또, 사람들의 반응도 신경 쓰지 않을 수 없었다. 가끔 달리는 댓글에 쉽게 휘둘리기도 하고, 반응이 아예 없을 때는 속상함에 의욕을 잃기도 했다. 작업은 즐거웠지만, 이대로 포기하고 그만두고 싶은 마음이 들 때도 있었다.

처음에는 가벼운 마음으로 시작한 취미 활동이었지만, 영상 제작은 지우에게 점점 일이 되어가고 있었다. 하고 싶다는 마음보다는 해야 한다는 마음이 더 커졌고, 내가 좋아하는 주제보다는 시청자가 좋아할 만한 주제를 선택하게 되었다. 영상 크리에이터로서의 책임감과 부담감이 생겨난 것이다.

태연쌤의 진로 코멘트 내가 좋아하는 일을 취미로 할 때와 일로 할 때 어떤 차이가 있을지 생각해봐.

천천히 성장하는 계획을 세우자!

막연하게 '구독자를 끌어모아 많은 돈을 벌고 싶다'고 생각하던 지우는 상담을 통해 현실적인 계획을 세우기 시작했다.

지우는 먼저 뚜렷한 목표를 설정했다. 3개월 안에 채널 구독자 50명을 모으는 것이다. 학업과 유튜브를 병행해야 하는 지우는 시간적 제약을 고려해 동영상을 2주마다 한 편씩 업로드하기로 했다. 3개월 동안 총 6개의 동영상을 제작하는 셈이다. 평일에는 학업에 집중하며 기획을 주로 하고, 주말을 활용해 편집을 하는 방식으로 시간을 나누어 사용하기로 했다. 새 동영상을 기획하기 전에는 시청자가 이전 동영상에 남긴 피드백을 확인해 반영할 만한 내용이 있는지 점검할 계획이다. 나아가 유튜브 이외의 다른 플랫폼도 적극적으로 활용해보기로 했다. 같은 영상을 인스타그램이나 트위터 같은 SNS에 업로드해 사용자의 반응을 살피고, 확산 정도를 분석할 것이다.

3개월 안에 초기 목표를 달성하면, 다음은 100명의 구독자를 모으는 것으로 목표를 확대할 예정이다. 또한, 편집에 익숙해져 작업 속도가 단축되면 매주 하나의 동영상을 업로드하는 것으로 계획을 수정할 것이다. 이처럼 지우는 작은 목표부터 차근차근 달성하며 천천히 성장하려 한다.

태연쌤의 진로 코멘트 한 번에 큰 성과를 내려 하지 말고, 주어진 여건 속에서 할 수 있는 일을 하자.

1학년 2학기에 접어든 지우는 구독자 80명을 거느린 어엿한 유튜버가 되었다. 많은 숫자는 아니지만, 지우는 매주 새 영상을 기다려 주는 사람들이 생겼다는 사실이 기쁘고 신기했다. 조회 수가 눈에 띄게 증가하지 않고, 아주 많은 댓글이 달리지 않아도 계속해서 영상을 기획하고 제작할 힘을 얻었다. 아직 진로를 완전히 정한 것은 아니지만, 끊임없는 노력으로 작은 확신을 더해 가고 있었다.

말 대신 행동으로 자신의 관심 분야를 개척해 나가는 지우의 모습에 어머니의 반대도 조금 사그라들었다. 여전히 걱정스러운 시선으로 지켜보지만, 더 이상 지우의 꿈을 헛된 이상이라고 여기지는 않는다.

"꿈은 크게 가지되 시작은 작게 하자.
작은 시작을 계속해서 쌓아가면
커다란 꿈으로 향하는 길이 드러날 거야."

 내 마음 쓰기

1. 내가 정말 좋아해서 시간 가는 줄 모르고 하는 일은 무엇일까?

2. 나도 지우처럼 작은 시작을 해본다면 무엇을 할 것인가?

3. 지금 당장 내딛을 수 있는 가장 작은 한 걸음은 무엇일까?

일단 시작하면 방법이 보여

T.R.Y

T Try Something (시도하기)

R Repeat (반복하기)

Y Yes You Can (가능성을 믿기)

TRY하면 방법이 보여

고민만 하지 말고 일단 뛰어들어봐. 이것저것 시도하다 보면 생각지 못한 방법을 찾게 돼.

작은 시도도 의미 있으니 망설이지 말고 TRY

거창한 계획이 없어도 괜찮아. 지금 바로 할 수 있는 작은 일부터 하나씩 시작하면 돼.

안 되면 다른 방법을 TRY

길은 하나가 아니야. 포기하지 말고 다른 방법을 찾아보자.

277

AI와 함께하는 미래에 내가 할 일은 뭘까?

유쾌한 여행 크리에이터, 곽튜브

주아제르바이잔공화국 대한민국 대사관 직원이었던 곽준빈은 여행 크리에이터 '빠니보틀'을 만나 새로운 꿈을 키웠다. 유튜브 채널 〈곽튜브〉에 매진하기 위해 대사관을 그만둔 그는 진솔하고 현실감 넘치는 여행 콘텐츠로 많은 사람의 호응을 얻었다. 현재는 200만 명의 구독자를 거느린 인기 크리에이터다.

대사관에서 일하던 중 우연한 기회로
유명 여행 크리에이터와 함께
유튜브 영상을 찍게 됐다.

빠니보틀이
동행할 사람이 필요한가 봐.
네가 갈래?
준빈도 유튜브 하잖아.

내가? 빠니보틀이랑?!

전 세계를 여행하면서
돈을 벌 수 있다니
멋진 일이긴 하지만

난 벌써 28살인데
도전해도 괜찮을까?

하지만 지금이 아니면….

AI를 어디까지 활용해야 하나요?

저는 중학교 2학년 태민이에요. 어제는 정말 최악의 하루 였어요. 며칠 전에 과학 시간에 선생님께서 '산성비가 환경에 미치는 영향'을 주제로 A4용지 3쪽 분량의 보고서를 쓰는 숙제 를 내주셨어요. 너무 어려워서 시작도 못하고 있는데 친구가 "챗 GPT로 써봐."라고 하는 거예요. 그 말에 솔깃해서 곧장 챗GPT 에 명령어를 입력했어요. 산성비가 환경에 미치는 영향에 대해 중학생 수준으로 글을 써달라고 말이에요. 그랬더니 순식간에 완 벽한 보고서가 완성됐어요.

문제는 그다음이었어요. 챗GPT가 쓴 내용을 그대로 출력해 서 제출했는데, 수업 시간에 선생님께서 산성비 pH 기준이 무엇 인지 물어보시는 거예요. 머릿속이 새하얘졌어요. 보고서에 있는 것을 얼핏 봤는데 기억이 나지 않더라고요. 그래서 결국 보고서 를 챗GPT로 썼다고 이실직고했어요. 말이 끝나기 무섭게 선생님께서 불같이 화를 내셨어요.

"이건 부정행위야! 다른 친구들은 밤새 고생해서 썼는데 넌 챗GPT가 쓴 글을 그대로 베꼈다는 거니?"

집에 가서 그 일을 부모님께 이야기하자 두 분의 의견이 갈렸어요. 엄마는 선생님과 마찬가지로 부정행위라고 말씀하셨는데, 아빠는 시대가 바뀌었으니 학생도 활용법을 배워야 한다고 하세요. 학교에 가니 친구들이 "우리도 다 몰래 쓰고 있어. 너만 들킨 거야."라고 해요. 여러 사람의 의견을 들으면 들을수록 머리가 점점 복잡해지기만 해요. AI를 활용하는 올바른 방법은 대체 무엇일까요?

태민이네 집은 며칠째 분위기가 좋지 않았다. 태민이가 AI가 쓴 글을 그대로 베껴 숙제로 제출했다가 선생님께 크게 혼났기 때문이다. 그 이야기를 들은 어머니는 '도둑질을 한 것이나 다름없다'며 태민이를 강하게 꾸짖었다. 반면 아버지는 '시대가 바뀌었으니 적절히 활용할 줄 알아야 한다'며 넘어갈 뿐이었다.

상담실을 찾은 태민이는 한껏 주눅 들어 휴대폰만 만지작거리고 있었다. 그 일이 있고 난 뒤로 많이 의기소침해진 듯했다. 태민이는 기어들어 가는 목소리로 자신이 정확히 뭘 잘못한 건지 모르겠다고 말했다. 주변에서는 모두 이제 AI를 잘 활용하는 것도 능력이라고 말하고, 친구들 또한 숙제를 할 때 AI의 도움을 받는다고 했다.

"AI는 이해하기 어려운 정보를 정리하거나 새로운 아이디어를 얻는 데 도움을 주는 도구야. AI가 제공한 정보와 아이디어를 활용해 결과물을 만들어내는 건 너의 몫이란다."

"그러면 제 활용 방법이 잘못된 거네요?"

태민이는 자기 잘못을 곧바로 깨달았다. 하지만 여전히 어떻게 활용하는 게 옳은지에 대해서는 갈피를 잡지 못하고 있었다.

"AI를 거대한 백과사전이라고 생각해볼까? 네가 찾는 내용을 모두 담고 있는 백과사전 말이야. 백과사전에는 완성된 답을 요구할 수 없어. 궁금한 내용을 질문할 뿐이지."

그제야 태민이는 문제 해결의 실마리를 찾은 듯했다. **AI를 활용할 때는 스스로 정리하고 판단하는 과정을 반드시 거쳐야 한다는 것을 알게 되었다.**

결과가 아닌 과정 중심으로 활용하자!

똑똑한 AI 사용의 핵심은 활용 방법에 있다. AI로 완성된 결과를 얻으려 하기보다는, 실행 과정 속 빈틈을 메우는 데 집중해야 한다.

선생님과 부모님께 야단을 맞은 뒤 태민이는 AI를 숙제에 활용하는 게 모두 부정행위인지 의문이 들었다. 그렇다면 이런 기술을 왜 개발하고 발전시키는 것인지 의아해하기도 했다. 하지만 구체적인 예시를 통해 부정행위와 그렇지 않은 것의 차이점을 이해하게 되었다.

태민이가 과학 숙제를 할 때처럼 '3장 분량의 보고서를 작성해줘.'라는 명령어를 입력해 답변 내용을 그대로 제출하는 것은 부정행위다. 하지만 '산성비의 특징을 설명하고, 그것이 환경에 미치는 영향을 조사해줘.'라고 요청한 뒤 답변을 자신의 방식으로 정리하고 재구성하는 것은 도구 활용인 것이다.

태연쌤의 진로 코멘트 더 알고 싶은 내용을 질문하고, 답변을 나의 언어로 다시 정리해봐.

똑똑한 AI 활용으로 사고력을 함께 기르자!

태민이는 AI가 사람을 대신해 사고해주는 존재가 아니라, 사고의 재료를 마련해주는 역할을 한다는 것을 깨달았다. 그래서 이제까지와는 다른 방식으로 AI를 활용하기로 했다.

먼저 AI에게 질문하기 전에 주제에 대해 스스로 생각해보며 질문의 범위를 좁혀 나갔다. 여러 차례 AI에게 질문하고 그에 대한 답변을 받아보며, 태민이는 똑똑한 질문이 똑똑한 대답을 이끌어 낸다는 사실을 알게 되었다. 그래서 태민이는 가능한 정확하고 상세하게 질문하려 했다.

그런 다음에는 AI가 제시한 답을 충분히 이해하고 정리하는 과정을 거쳤다. 또한 그것이 사실인지, 왜곡된 내용은 없는지 확인했다. AI는 온라인상의 방대한 정보 속에서 명령어에 관련된 정보를 선별해 사용자에게 전달한다. 그래서 검색 및 선별 과정에서 사실과 다르거나 올바르지 않은 정보가 섞일 가능성이 있다. 꼼꼼한 점검을 통해 잘못된 내용을 가려내고, 그것을 바탕으로 추가 질문을 해 최종 자료를 확보하는 것이다.

태연쌤의 진로 코멘트 AI와 대화를 한다는 생각으로 궁금한 것을 질문해봐. 설명을 들은 뒤에도 이해되지 않는 부분이 있다면 다시 질문하면 돼. 반복적인 질문을 통해 답변의 질을 높이고 나의 사고력도 향상시킬 수 있어!

선생님과 소통하며 올바른 활용법을 익히자!

상담 이후 태민이는 과학 선생님을 찾아갔다. 올바른 AI 활용법에 대한 조언을 구하기 위해서였다. 조언을 구하기에 앞서 태민이는 먼저 지난 수업 때 자신이 저지른 잘못을 인정하고 사과했다. 챗 GPT를 처음 사용해보는 데다 숙제를 끝마치는 것에 너무 집중한 나머지 윤리적인 AI 활용에 대해서는 미처 생각하지 못했다고 솔직히 털어놓았다. 진심으로 반성하는 태도를 보이자 과학 선생님께서도 태민이를 용서했다.

태민이는 최근에 올바른 AI 활용 방법에 대해 배우고 고민하고 있다고 이야기하며, 지금까지 익힌 내용을 바탕으로 보고서를 다시 작성해보고 싶다고 했다. 그리고 보고서 말미에 자료 조사 과정에서 AI에 어떤 질문을 했는지도 함께 적으면 어떨지 물었다. 선생님은 태민이의 의견을 적극 수용했고, 새로운 보고서를 작성해 제출하면 AI 활용법에 대해서도 함께 이야기를 나누어보기로 했다.

태연쌤의 진로 코멘트 선생님께 AI 사용에 대한 고민을 솔직하게 말씀드리고, 투명하고 교육적인 활용 방법을 함께 찾아봐.

똑똑하고 올바른 AI 활용법을 알게 된 태민이는 더 이상 죄책감을 느끼지 않는다. 과학 보고서를 쓸 때뿐만 아니라 영어 에세이를 작성할 때도 적극적으로 AI를 활용했다. '이 주제에 어떤 관점으로 접근하면 좋을까?', '작성한 문장 중 문법에 어긋나는 것은 없을까?' 와 같은 질문을 던지며 과정 중심의 활용을 실천했다. 태민이는 상담을 통해 AI라는 새로운 동료와 협업하는 방법을 배웠을 뿐만 아니라, 새로운 기술을 어떻게 효과적으로 활용하며 시대에 발맞추어 걸어갈 것인지 고민해보기도 했다.

"AI는 나를 대신해 생각해주는 게 아니라,
내가 더 잘 생각할 수 있게 도와주는 동료구나!"

1. 어떤 상황에서 AI를 사용할 수 있을까?

2. 지금 나에게 필요한 명령어를 작성해보자.

3. AI를 이용해 탐구하고 싶은 주제는 무엇인가?

인터넷에 떠도는 정보로
혼란스러워요

저는 중학교 2학년 수빈이에요. 진로 선택에 대한 고민이 한창인 요즘 저는 걱정이 많아요. 이곳저곳에서 너무 많은 이야기가 들려와요. 심지어 그 이야기들이 다 달라요.

부모님은 언제나 직업의 안정성을 강조하세요. "안정적인 직업이 최고야."라고 자주 말씀하시지요. 그중에서도 특히 의사나 간호사, 변호사처럼 전문성이 있고, 사람들이 계속 필요로 하는 직업이 좋다고 하세요. 그런데 얼마 전에 본 유튜브 영상에서는 그렇지 않다고 이야기해요. 한국은행에서 진행한 연구 결과에 따르면 의사도 AI로 대체될 수 있대요. 기술이 발달하면서 진단과 치료, 그리고 복잡한 수술까지도 AI가 대신하게 될 거래요.

반면에 친구들은 창의적 사고가 중요하다고 해요. 기술력이 필요한 직업은 AI로 대체될 가능성이 비교적 높지만, 창의적 사고와 감수성을 요구하는 직업은 끝까지 안전할 거라고요. 하지만 알아보니 그것도 아니었어요. 이미 몇 년 전에 AI를 활용해 쓴 소설이 권위 있는 문학상의 본선에 오른 사례가 있었어요. 게다가 최근에는 생성형 AI가 발전하면서 미술이나 음악 같은 분야도 위협을 받고 있대요.

학교에서 선생님께 이런 고민을 털어놓으면 "그런 것을 걱정하기보다는 네가 좋아하는 걸 찾아라."라고 말씀하세요. 하지만 기껏 선택하고 준비한 진로가 어느 날 갑자기 사라져 버릴 수도 있다는데 어떻게 걱정하지 않을 수 있나요?

정보를 찾아보면 답에 가까워질 수 있을 거라고 생각했는데, 오히려 전보다 더 복잡하고 어려워진 것 같아요. 무엇이 맞는 이야기일까요?

수빈이의 어머니는 수빈이가 진로 선택을 고민하는 과정에서 정보에 과도하게 휘둘리는 것 같다며 상담을 요청했다. 상담이 시작된 후 수빈이에게 최근에는 어떤 경로를 통해 진로에 대한 정보를 얻고 있는지 물었다. 그러자 수빈이는 주변 사람들과 인터넷으로부터 많은 이야기를 듣는다고 했다. 그 말을 증명이라도 하듯, 수빈이의 인터넷 방문 기록과 유튜브 즐겨찾기 영상은 진로와 직업에 관한 내용으로 가득 차 있었다.

"자료를 볼 때 정보는 어떻게 확인하고 있니?"

"확인이요? 그냥 보는데요. 무슨 확인을 해요?"

"누가 만든 자료인지, 어떤 근거로 주장하는지 같은 것들 말이야."

수빈이는 잠시 고민하더니 그런 것은 확인해볼 생각을 하지 못했다고 말했다. 뭐든 제목이 눈에 띄면 우선 눌러보는 편이었다.

"이런 자료를 살펴볼 때는 출처가 분명한지, 믿을 만한 주장인지 반드시 확인해야 해. 그렇지 않으면 잘못된 정보에 휘둘릴 수 있어."

그 순간 수빈이는 자신이 그동안 봐온 수많은 기사와 블로그 글, 유튜브 영상을 떠올렸다. 그러자 누가 어떤 근거를 바탕으로 만든 것인지 알 수 없는 자료 속에서 헤매며 끊임없이 방황하는 자기 모습도 함께 그려졌다.

정보의 진위를 판별하는 필터를 만들자!

인터넷상의 모든 정보가 의미 있는 것은 아니다. 표현과 발언의 자유를 바탕으로 운영되는 사이버 공간의 특성상 누구나 인터넷에 자신의 주장과 생각을 펼칠 수 있다. 그 사이에는 객관적인 사실 근거를 바탕으로 하지 않은 가짜 뉴스도 많기 때문에 인터넷에서 정보를 수집할 때는 주의를 기울여야 한다.

수빈이는 자신이 참고한 'AI 시대, 의사도 위험하다!'라는 영상을 다시 확인했다. 영상을 만든 사람은 진로 전문가가 아니라 일반인 유튜버였다. 영상에 사용된 한국은행의 보고서는 실재했지만, 다른 연구 기관의 다양한 연구 결과는 반영하지 않았다. 2013년에 영국 옥스퍼드대학교의 마틴스쿨에서 진행한 연구에 따르면, 의사는 AI가 대체하기 어려운 직업으로 분류되었고, 의료 전문가들 역시 'AI가 의사를 대체하기보다는 도와주는 역할을 할 것'이라고 말했다.

이 경험을 통해 수빈이는 정보의 진위를 확인해야 할 필요성과 판별의 기준을 배웠다. 앞으로는 누가(Who), 언제(When), 왜(Why), 어떤 근거로(What) 이야기하는 것인지 꼼꼼히 살펴보며 믿을 만한 정보인지 반드시 확인해야겠다고 생각했다.

태연쌤의 진로 코멘트 '4W'에 따라 정보의 진위 여부를 점검하면, 가짜 뉴스에 휘둘리는 일을 막을 수 있어.

진짜 정보를 가려내는 스킬을 익히자!

인터넷의 발달로 우리는 앉은 자리에서 수많은 정보를 손쉽게 얻을 수 있게 되었지만, 사용자가 이 도구를 현명하게 활용하지 않으면 오히려 독이 될 수 있다. 다량의 정보와 가짜 뉴스를 계속 접하다 보면 유언비어에 쉽게 현혹될 수 있기 때문이다. 그래서 우리는 진짜 정보를 가려내는 능력을 길러야 한다.

수빈이가 그동안 수집했던 진로 관련 정보를 다시 살펴보니 '충격! 앞으로 사라질 직업 TOP 10', '이것만 알면 미래가 망하지 않는다'와 같이 내실은 없지만 호기심을 자극하는 제목이 대부분이었다. 반면, 신뢰할 수 있는 정보는 '2024년 직업 전망 보고서', '청소년 진로 선택 가이드'처럼 구체적이고 객관적인 제목을 띄었다. 주로 교육부 같은 국가 기관에서 발행한 자료들이 그러했다.

이를 깨닫고 믿을 만한 정보만 수집하기 시작한 수빈이는 자신을 괴롭히던 혼란에서 벗어나게 되었다. 수빈이는 무턱대고 많은 정보를 얻으려고 하기보다는 신뢰할 수 있는 소량의 정보를 살펴보는 것이 낫다고 생각했다.

태연쌤의 진로 코멘트 정보가 필요할 때는 교육부나 지자체 교육청 같은 공공 기관에서 발행한 자료 위주로 살펴보는 게 좋아. 눈길을 끌고 호기심을 자극하는 제목에 속아 넘어가지 않도록 주의해야 해!

나만의 정보 활용 원칙을 만들자!

　수빈이는 그동안 자신이 너무 많은 정보를 모두 소화하고 받아들이려 했다는 것을 깨달았다. 부모님, 학교나 학원 선생님, 친구들, 유튜브 등에서 얻은 정보를 분별없이 받아들이다 보니 혼란스러웠던 것이다. 그래서 수빈이는 '정보의 우선순위'를 정하기로 했다. 부모님과 학교 진로 선생님, 공공 기관이 발행한 공식 자료, 검증된 전문가의 의견에 한해서 정보를 받아들이고, 유튜브나 인터넷 기사는 그저 참고만 하기로 했다. 또한 나에게 필요한 정보와 단순한 흥미를 유발하는 정보를 구분하는 방법도 배웠다. 예를 들어, '의사 지망생에게 꼭 필요한 5가지 진로 조언'이라는 글을 보더라도 자신의 진로가 의사라는 직업과 관련이 없다면 살펴보지 않고 넘기는 것이다.

　무엇보다 중요한 건 완벽한 정보를 찾겠다는 생각에서 벗어나는 것이었다. 미래는 불분명한 것이기 때문에 100% 맞는 예측이라는 것은 없다. 지금 상황에서 할 수 있는 최선의 선택을 하고, 변화하는 상황에 따라 유동적으로 수정하는 것으로도 충분하다.

태연쌤의 진로 코멘트 　정보에 이끌려 가는 게 아니라 주체적으로 정보를 선별해 사용해야 해. 나만의 정보 활용 원칙을 만들어봐.

몇 주 후 다시 점검한 수빈이의 휴대폰은 첫 상담 때와 달라진 점이 없었다. 여전히 진로 관련 영상과 기사를 찾아보고 있다. 하지만 전처럼 정보를 무분별하게 받아들이는 것이 아니라, 4W에 따라 믿을 만한 정보인지 확인하는 과정을 거치고 있다. 진로에 대한 완벽한 답을 찾으려는 강박에서 벗어난 수빈이는 더 이상 정보의 파도에 휩쓸리지 않게 되었고, 자신이 정말 관심 있는 분야가 무엇인지 탐구하는 여유까지 갖게 됐다.

"나의 발걸음이 이끄는 곳으로,
나만의 속도에 맞춰 걸어가자."

1. 주로 어디서 진로 정보를 얻으며, 그 정보들을 얼마나 믿을만 할까?

2. 가장 신뢰하는 사람은 누구이고, 어떤 점 때문에 믿게 되었는가?

3. 정보를 접할 때 '이것만은 꼭 확인하자'고 생각하는 기준은 무엇인가?

새로운 기술과 기능을
모두 배워야 하나요?

저는 고등학교 1학년 서영이에요. 요즘 엄마 때문에 스트레스를 받아요. 엄마는 제가 뭘 좋아하고, 하고 싶어 하는지는 관심도 없고, 그저 남들 하는 걸 따라 하라고 하세요. 지난주에 학부모 모임에 다녀와서는 다짜고짜 "너도 코딩 학원 다녀야겠다."라고 말씀하셨어요. 아마 모임에서 요즘에는 코딩 정도는 필수로 할 줄 알아야 한다는 이야기가 나왔을 거예요. 초등학교에서도 코딩을 가르친다는데 우리도 지금이라도 시작해야 뒤처지지 않을 거라면서 말이에요. 안 봐도 비디오예요. 작년에는 중국어가 그랬거든요. 내년에는 또 무엇이 필수가 될지 아무도 모르지요.

작년까지는 엄마의 그런 터무니없는 말을 아무렇지 않게 넘길 수 있었어요. 하지만 고등학생이 되어 여기저기서 진로 선택의 압박을 받다 보니, 요즘은 한 귀로 듣고 한 귀로 흘릴 수가 없어요. 저도 나름대로 제 진로에 대해 진지하게 고민하고 있는데, 옆에서 자꾸 개발자 초봉이 얼마라느니 그런 이야기를 하면 신경이 곤두서요.

저는 개발자라는 직업은 생각도 해본 적 없고, 코딩이 뭔지도 몰라요. 알아보고 싶은 마음도 없어요. 남들이 다 한다고 해서 저도 해야 하는 건 아니잖아요. 저는 그럴 시간에 제가 진짜 좋아하는 것이 무엇인지 알아보고 싶어요. 그래서 이렇게 유행처럼 나타났다 사라지는 유망 직업에 휘둘리지 않고 저만의 길을 걸어가고 싶어요.

"오늘은 엄마가 코딩 학원까지 알아보셨어요."

서영이가 한숨을 크게 내쉬며 말했다. 서영이는 요즘 어머니 때문에 골머리를 앓고 있었다. 서영이의 어머니는 교육에 관한 최신 정보와 유행에 민감했다. 하나뿐인 자식인 서영이를 부족함 없이 서포트하고 싶은 마음에 누구보다 빠르게 중요한 정보를 수집하기 위해 애썼다. 학부모 모임에 꾸준히 참석하는 것도 그런 이유에서였다.

그런 어머니가 이번에는 코딩에 꽂혔다. 학부모 모임에서 코딩 이야기가 나온 것이다. 집에 돌아온 어머니는 너도나도 이미 코딩을 배우기 시작했는데 서영이만 뒤처지고 있는 것 같다며 지금부터라도 학원에 등록하는 게 좋겠다고 이야기했다. 늘 그랬듯 당사자인

298

서영이의 의견은 묻지 않았다.

"작년에는 중국어의 시대가 열릴 거라면서 중국어 학원을 등록했어요."

작년 일을 떠올리며 괴로워하는 서영이에게 코딩에 대한 생각을 묻자, 잘 모르겠다는 대답이 돌아왔다. 서영이는 코딩이 무엇인지, 왜 모두가 입을 모아 배워야 한다고 하는지 전혀 모르고 있었다. 그러니 코딩을 배우지 않으면 뒤처질 것이라는 어머니의 말도 이해하기 어려웠다.

"새로운 유행이 생겨날 때마다 서영이는 그런 기분이겠구나."

"맞아요. 게다가 저는 아직 제가 뭘 좋아하고 잘하는지 모르는데 엄마는 다른 사람들의 기준에 맞춰서 살라고 하니 더 갈피를 못 잡겠어요."

서영이는 어머니와의 갈등 뒤에 감춰두었던 자신의 진짜 고민을 털어놓았다. 그런 서영이에게 먼저 자신만의 선택 기준을 세워볼 것을 제안했다. 코딩과 중국어 이외에도 앞으로 새롭게 떠오를 필수 역량을 스스로 판단하고 선택할 수 있도록 말이다.

'필터링'할 수 있는 나만의 기준을 세우자!

코딩이나 중국어처럼, 세계 시장에서 새로운 경쟁력이 되어줄 도구와 기술은 계속해서 생겨날 것이다. 하지만 그때마다 '필수'라는 명목으로 꽁무니를 졸졸 쫓아다닐 수는 없는 노릇이다. 나만의 기준에 맞춰 선택과 집중을 해야 한다.

어머니의 성화에 못 이겨 결국 코딩 학원에 방문하게 된 서영이는 체험 강의를 수강했다. 처음에는 시간만 때우다 갈 요량으로 앉아 있었지만, 강사의 설명을 하나둘 따라 하다 보니 재미를 느끼기도 했다. 하지만 그때도 서영이는 이것을 배워야 하는 이유에 대해 고민했다. 이 배움의 과정이 정말 자신에게 필요한지, 만약 필요하다면 그 까닭이 무엇인지 스스로에게 질문을 던졌다. 그리고 질문 끝에 '내가 원하는 것은 아니다'라는 답에 도달했다.

태연쌤의 진로 코멘트 새롭게 등장한 필수 역량이 나에게도 꼭 필요한 것인지 생각해봐.

관심사를 적극적으로 탐색하자!

서영이가 느끼는 혼란은 자기 이해가 부족한 상태에서 무조건 다른 사람의 기대에 맞춰가야 한다는 압박에서 비롯되었다. 그러므로 지금은 코딩이나 중국어 같은 구체적인 역량을 강화하기보다, 자기 이해를 쌓고 관심사 탐색에 집중하는 것이 우선이다.

처음부터 진로에 대해 생각하지 말고, 내가 좋아하는 것과 싫어하는 것, 할 수 있는 것과 할 수 없는 것, 하고 싶은 것과 하고 싶지 않은 것과 같은 간단한 정보를 먼저 파악하자. 다양한 활동을 경험하면서 어떤 순간에 즐거움을 느끼고, 어떤 일을 할 때 스트레스를 받는지 관찰하는 것도 좋다. **이처럼 '해야 하는 것'이 아니라 '나에게 맞는 것'에 대한 정보가 먼저 축적되어야 진로와 학습 방향을 결정할 때 올바른 선택을 할 수 있다.**

태연쌤의 진로 코멘트 내가 좋아하는 것과 싫어하는 것, 할 수 있는 것과 할 수 없는 것, 하고 싶은 것과 하고 싶지 않은 것을 글로 적어봐.

새로운 경험을 두려워하지 말자!

어떤 결정을 내릴 때 분명한 확신이 들지 않는다면 경험을 통해 근거를 마련하는 것도 좋은 방법이다. 무슨 일이든 직접 해보기 전까지는 제대로 알 수 없는 법이다. 특히 서영이처럼 자기 자신에 대한 이해가 부족한 상황이라면, 새로운 경험은 자신의 다른 면을 발견할 수 있는 단서가 된다. 그러니 불필요한 시간 낭비라고만 생각하지 말고 경험 속으로 뛰어들어보자.

코딩이 자신에게 맞을지 확신이 서지 않을 때는 서영이처럼 체험 수업이나 온라인 튜토리얼을 활용해 직접 시도해보는 것이 좋다. 그러면 막연하게 상상만 할 때보다 문제가 구체화되어 선택을 하기가 쉬워진다. 만약 나에게 잘 맞지 않아 선택하지 않게 되더라도, 성취감이나 불편함과 같이 그 과정에서 느낀 다양한 감각은 또 다른 선택의 근거가 되어줄 수 있다. 새로운 것을 시도하는 과정 자체가 선택의 기준이 되는 것이다. 또한 자신이 나아갈 길을 주도적으로 설계할 수 있는 힘을 길러주기도 한다.

태연쌤의 진로 코멘트 시도해봤지만 나에게 잘 맞지 않는다고 판단되면 바로 그만둬도 괜찮아. 중요한 건 우선 해보는 거야.

서영이는 조금씩 변화하고 있다. 어머니의 손에 이끌려 간 학원이었지만, 덕분에 새로운 경험을 해볼 수 있었고, 나아가 자신이 진정으로 원하는 것이 무엇인지 고민할 기회를 얻었다. 어머니는 여전히 여러 모임을 통해 얻은 새로운 정보를 서영이에게 권하지만, 이제 서영이는 전처럼 무조건 따르거나 무조건 반발하지 않는다. 스스로 신중하게 고민하고 필요한 경우 경험을 통해 단서를 찾기도 하며 자신의 삶을 개척하고 있다.

"중요한 건 도구가 아니라
그것을 사용하는 사람이야.
내가 누구인지, 무엇을 원하는지를
먼저 알아야 해."

내 마음 쓰기

1. '남들이 다 한다'라는 이유로 시작했던 일들이 있을까?

2. 새로운 기술이나 트렌드가 나올 때마다 불안한 적이 있는가?

3. 직업을 위한 새로운 필수 역량이 있을 때 어떻게 익힐 수 있을까?

도구가 많을수록 선택이 어려워요

저는 고등학교 1학년 민율이에요. 요즘 제 친구들은 AI와 대화하기에 푹 빠져 있어요. 어떤 이야기를 꺼내든 깊이 공감하며 친절하게 상담해준다는 거예요. 심지어는 진로 상담도 해준대요. 다방면으로 조언을 듣고 싶다며 여러 가지 AI와 동시에 대화하는 친구도 있어요.

친구들이 AI와 대화하는 모습을 보니 문득 저도 궁금해졌어요. 고등학생이 되면서 진로 고민이 깊어졌거든요. 그래서 시도해봤지요. 과연 저에게 어울리는 직업은 무엇일까 기대하며 '나에게 맞는 직업을 추천해줘'라는 명령어를 입력했어요. 처음에는 '데이터 사이언티스트가 유망해요'라는 답변을 받았어요. 그런데 잠시 후에 다시 물어보니 UX 디자이너*를 추천하는 거예요. 똑같은 명령어를 입력했는데 다른 대답이 나오다니요! 그래서 다른 AI에도 물어봤어요. 그런데 두 번째 AI는 창의적인 분야를, 세 번째 AI는 건축 분야를 추천하더라고요. 겹치는 답변이 단 하나도 없었어요.

이 경험을 친구들에게 이야기하니 "AI는 원래 그래. 곧이곧대로 믿기보다는 그냥 이런 선택지가 있구나 하고 참고 정도만 하는 게 좋아."라고 이야기해요. 하지만 저는 답답했어요. AI 때문이 아니라 제 자신 때문에요. 다양한 분야의 직업을 추천받고서도 아무것도 결정하지 못하고 원점으로 되돌아가는 제 모습이 한심해 보여요. 도구가 이렇게 많은데 왜 선택은 더 어려울까요? 제가 제대로 활용하지 못했기 때문일까요?

"선생님, 이것 좀 봐주세요!"

상담실 문을 벌컥 열고 들어온 민율이가 다짜고짜 휴대폰을 내밀었다. 화면에는 여러 AI 앱이 동시에 실행되고 있었다. 민율이는 답답하다는 듯 AI에 대한 불만을 늘어놓았다. 며칠 전부터 친구들이 AI로 진로 상담을 하기에 자신도 궁금해서 따라 해봤다고 했다. 평소 품고 있던 진로 고민부터 직업 추천까지 다양하게 물어봤는데, 물어볼 때마다 답이 달라서 더 헷갈리고 난처하다는 것이었다. 민

---

* 사용자 경험 디자이너. 사용자가 앱이나 웹 사이트를 편리하게 사용할 수 있도록 디자인하는 직업

율이는 아무것도 몰라서 답답했던 적은 많아도 너무 많이 알아서 답답한 것은 처음이라고 말했다.

"AI가 제시한 보기 중에 마음이 이끌리는 게 하나도 없었어?"

"그걸 잘 모르겠어요. 이 직업을 이야기하면 그게 하고 싶은 것 같고, 저 직업을 이야기하면 또 금세 그것도 괜찮을 것 같다는 생각이 들어요."

민율이는 AI에 조언을 들을 때보다 혼자 고민할 때 오히려 자신의 마음이 향하는 곳을 알 것 같다고 했다.

"그럼 AI를 다르게 사용해보는 건 어떨까? 답을 달라고 하는 게 아니라 민율이가 더 쉽게 생각할 수 있게 도와달라고 해보자."

그 말에 민율이는 눈을 빛내며 관심을 보였다. 이제 민율이의 관점이 답을 얻는 것에서 답을 찾는 것으로 변화했다.

AI에게 질문 대신 답을 주자!

AI 도구들이 매번 다른 답을 주는 것은 명령어를 통해 전달되는 나의 상태나 마음이 확실하지 않다는 신호다. AI가 다른 답을 할 때마다 마음이 흔들리는 민율이처럼 말이다. 하지만 그렇다고 해서 실망할 필요 없다. 우리는 이걸 이용해서 나의 진심을 찾을 수 있다.

"데이터 사이언티스트라고 했을 때도, UX 디자이너라고 했을 때도 괜찮다고 생각했어요. 그런데 요리사라는 답이 나왔을 때는 확실히 아닌 것 같다는 생각이 들었어요. 이게 저의 진짜 마음인 걸까요?"

그렇게 방법을 깨달은 민율이는 AI를 '내 마음 테스터'로 사용하기 시작했다. AI에 여러 직업을 무작위로 제시하고 각각에 대한 답변을 들을 때의 몸의 반응을 확인했다. 마음이 움직이는 답과 그렇지 않은 답으로 구분하고, 그렇게 느낀 이유를 분석했다. 민율이는 AI가 좋은 답을 주기를 기다리지 않고, 스스로 질문을 던지며 답을 찾아 나섰다.

태연쌤의 진로 코멘트 AI의 답변을 들을 때 느껴지는 내 몸과 마음의 반응을 관찰해봐. 나를 설레게 하는 답을 따라가다 보면 내 진짜 관심사를 발견할 수 있어.

AI 답변을 의심하자!

AI의 모든 답변을 마치 가짜 뉴스처럼 의심하고 검증하는 습관을 만들어보자. 방법은 간단하다. 답변에 대해 구체적인 데이터를 요구하고, 세부 분야를 확인하며, 반대 의견을 묻는 것이다. 이 간단한 과정을 통해 진짜 정보와 내 생각을 구분할 수 있다.

AI가 프로그래머를 추천했을 때, 민율이는 전처럼 그냥 받아들이지 않고 증명에 나섰다. '근거가 뭐야?'라는 질문으로 구체적인 데이터를 요구하고, '어떤 프로그래머?'라고 물어 세부 분야를 확인했다. 또한 해당 직업이 언제까지 유망할 전망인지 질문하고, 마지막으로 단점은 없는지 반대 의견을 물음으로써 확인을 마무리했다.

"이렇게 하니까 AI가 대충 대답하지 못하더라고요. 구체적으로 파고들면 파고들수록 정확한 정보만 남게 됐어요."

이후 민율이는 '반박 게임'도 시도했다. AI가 어떤 직업을 추천하면 해당 직업의 단점을 대며 토론을 벌이는 것이다. 민율이가 '프로그래머는 야근이 많아서 힘들지 않나요?'라고 물으면, AI는 '모든 회사가 그런 것은 아니에요. 일과 삶의 균형이 조화로운 회사도 많아요'라고 답했다. 이에 민율이는 구체적으로 어떤 회사가 있는지 추가 정보를 요구하기도 했다. 이 과정에서 민율이는 자신의 마음을 확인했을 뿐만 아니라, 직업에 대한 상세 정보도 얻을 수 있었다.

태연쌤의 진로 코멘트 AI의 답변에 순응하지 말고, '진짜야?', '근거는?', '반대 의견은 없어?'라며 세부 답변을 유도해봐. 마치 탐정이 된 것처럼 파고들면 진짜 유용한 정보를 얻을 수 있어!

AI를 진로 실험 도우미로 활용하자!

AI에 그 분야를 실제로 체험할 수 있는 간단한 미션을 만들어달라고 요청할 수도 있다. 정보가 아닌 경험을 통해 적성을 확인하는 것이다.

민율이는 AI에 "프로그래머가 된 기분을 느낄 수 있는 30분짜리 체험을 만들어줘."라고 요청했다. AI가 제안한 30분 프로그래머 체험 구성은 다음과 같다.

5분: 간단한 코딩 사이트에서 'Hello World' 출력하기

10분: '계산기 만들기' 튜토리얼 따라하기

10분: 내가 만든 계산기로 수학 문제 풀기

5분: 체험 마무리하기

이렇게 간접적으로 프로그래머라는 직업을 체험하고 나니 보다 명확한 진단이 가능했다. 민율이는 해당 체험을 진행하며 집중이 되지 않아 어려움을 겪었다고 했다.

다음은 30분 UX 디자이너 체험 구성이다.

우리 학교 홈페이지에서 개선할 점 3개 찾기

간단한 개선 아이디어 스케치하기

학교 친구들과 아이디어 나누고 반응 확인하기

위와 같은 활동을 통해 민율이는 UX 디자이너를 체험했다. 그러면서 자신이 좋아하는 작업은 이런 것이라는 걸 깨달았다. AI 진로 실험을 통해 적성에 맞는 일을 발견한 것이다.

태연쌤의 진로 코멘트 AI에 '○○을 30분간 체험할 수 있는 미션을 만들어줘.'라고 요청해봐. 체험을 통해 얻는 반응만큼 확실한 단서는 없어!

민율이는 이제 AI를 완전히 다르게 사용한다. 답을 얻으려고 하지 않고, 내 마음을 확인하는 도구로 쓰는 것이다. AI 답변을 의심하며 사실 여부를 확인하고, 30분짜리 체험 미션을 만들어달라고 요청하기도 한다. 최근에는 웹툰 작가라는 직업에 관심이 생겨서 해당 직업의 체험 미션을 요청하기도 했다.

이렇게 민율이는 'AI에게 의존하는 사람'에서 'AI를 이용하는 사람'이 되었다. AI가 주는 정보를 그대로 믿지 않고, 내 감정과 경험으로 검증한 후에 받아들인다. 민율이의 고민은 '어떤 AI를 선택할 것인가의 문제가 아니었다. 그것은 도구가 넘쳐나는 시대에 어떻게 자신만의 판단력을 유지할 것인가 하는 문제였고, 기술의 노예가 아닌 주인이 되는 법을 배우는 과정이었다.

"AI는 나에게 가능성을 보여주는 창문이야.
하지만 그 창문을 통해
어느 길로 갈지는 내가 결정해!"

1. AI가 추천한 것 중에서 '이거다!' 하고 생각했던 것이 있는가?

2. AI 정보를 의심하고 직접 확인해본 적이 있는가? 그 과정에서 새롭게 발견한 것은 무엇인가?

3. 관심 분야의 '30분 체험 미션'을 AI에 만들어달라고 요청하고, 체험 후기를 정리해보자.

4. 나의 AI 활용 계획을 상세하게 적어보자.

패션 디자이너에게도
AI 기술이 필요할까요?

저는 고등학교 1학년 효림이에요. 패션디자이너가 되고 싶어서 디자인고등학교에 진학했어요. 엄마께서는 일반고에 진학해서 공부하다가 대학에 가서 디자인을 전공하기를 바라셨지만 제 생각은 달랐어요. 조금이라도 빨리 제가 디자인한 옷을 세상에 내보이고 싶었거든요. 오랜 설득 끝에 디자인고등학교에 다니는 것을 허락받았고, 지금은 1지망이었던 학교에 합격해 패션디자인을 공부하고 있어요.

그런데 최근 충격적인 경험을 했어요. 학교에서 'AI 패션 디자인의 미래'라는 특강을 진행했는데, AI가 단 몇 초 만에 수십 개의 디자인을 만들어 내는 것을 봤어요. 색상 조합부터 패턴, 소재 질감까지 완벽했어요.

더 놀라운 건 같은 과 친구들이 이미 이런 도구를 적극적으로 활용하고 있었다는 거예요. 한 친구는 CLO 3D(가상으로 옷을 제작하고 입혀볼 수 있는 3D 패션 디자인 프로그램)라는 프로그램으로 가상 의상을 만들어 메타버스 플랫폼에서 판매하고 있었어요. 실제 옷을 만들지 않고도 수익을 내는 거죠. 또 다른 친구는 Midjourney(프롬프트를 입력하면 그에 맞는 그림을 자동으로 생성하는 AI 그림 도구)로 디자인 아이디어를 구상한 뒤 자신의 감성을 더해 옷으로 구현했어요. 인스타그램에 AR 필터로 가상 피팅 서비스까지 제공하는 친구도 있었어요.

저는 정말 당황스러웠어요. 지금까지 스케치북에 손으로 그림을 그리며 디자인을 구상했는데, 이제 그것만으로는 부족한 것 같아요. AI가 디자인을 순식간에 만들어 내는 것을 보니 제가 며칠 동안 고민해서 만든 작품이 초라하게 느껴져요. 패션디자이너가 되려면 이제 AI 활용 기술도 배워야 하는 건가요? AI 시대에 디자이너의 역할은 무엇일까요?

상담이 시작되자 효림이는 노트북을 꺼내 친구들의 디지털 포트폴리오를 보여주었다. NFT(디지털 작품에 '진품 인증서'를 붙여 사고 팔 수 있게 한 기술)를 활용한 디지털 의상 프로젝트, AR로 기획한 가상 패션쇼, AI가 생성한 패턴을 응용한 작품이 화면을 가득 채웠다. 고등학생이 만든 것이라고는 믿기지 않을 정도로 세련되었다.

"제 친구들 작품이에요. 대단하죠? 저는 아직 이런 프로그램을 다룰 줄 모르는데 친구들은 이미 잘 활용하고 있더라고요."

효림이의 목소리에는 부러움과 불안이 섞여 있었다. 효림이는 디자인에 대한 열정 하나로 여기까지 왔는데, 이제는 그것만으로는 부족한 것 같다고 말했다.

"AI가 만든 디자인과 네가 만든 디자인의 차이가 뭘까?"

효림이는 잠시 생각하다가 조심스럽게 답했다.

"AI는 데이터를 조합해서 빠르게 만들어내지만 제 디자인에는 이야기가 있어요. 지난번에 만든 한복 모티브 일상복에는 할머니와 함께한 추억이 담겨 있거든요."

"바로 그거야. AI는 강력한 도구지만, 감성과 이야기는 여전히 사람만이 만들 수 있어. 중요한 건 AI를 감성과 창의성을 더 빛내줄 도구로 활용하는 거야."

AI를 디자인 파트너로 만들자!

AI 시대의 디자이너는 기술을 두려워하지 않고 적극적으로 활용하는 사람이다. AI는 아이디어를 빠르게 시각화하고, 다양한 옵션을 탐색하며, 반복적인 작업을 자동화하는 데 도움을 준다. 하지만 최종 결정과 감성적 터치는 여전히 디자이너의 몫이다.

효림이는 AI 도구를 하나씩 배워보기로 했다. 먼저 미드저니 (Midjourney)로 초기 아이디어를 스케치했다. '한국 전통 문양을 현대적으로 재해석한 스트리트 패션'이라는 프롬프트를 입력하자 수십 개의 이미지가 생성됐다. 그중에서 마음에 드는 요소를 선택해 자신만의 디자인으로 발전시켰다. 그런 다음에는 CLO 3D를 활용해 가상으로 옷을 제작하고 피팅까지 테스트했다. 실제로 옷을 만들기 전에 다양한 원단과 컬러를 조합해봄으로써 시간과 비용을 절약할 수 있었다.

태연쌤의 진로 코멘트 AI 도구를 배우고 활용하되, 너의 고유한 감성을 잃지 않도록 주의하자. 기술은 표현을 확장시키는 수단일 뿐, 창의성의 원천은 여전히 너 자신이라는 걸 잊지 마.

인간만의 스토리텔링을 강화하자!

AI가 아무리 발전해도 개인의 경험과 감정, 문화적 맥락을 이해하고 표현하는 것은 인간만이 할 수 있다. 효림이는 이 점을 자신의 강점으로 만들기로 했다.

효림이는 '할머니의 보자기'라는 콘셉트로 새로운 디자인을 기획했다. AI로 기본 패턴을 생성한 뒤, 할머니가 실제로 사용했던 보자기의 매듭 방식과 색상 조합을 현대적으로 재해석했다. 각 작품마다 할머니와의 추억을 담은 짧은 이야기를 함께 소개하기도 했다.

이 프로젝트를 SNS에 게시하자 사람들이 반응을 보이기 시작했다. AI가 만든 완벽한 디자인이 아니라, 효림이의 따뜻하고 진솔한 이야기가 담긴 작품에 감동을 받은 것이다. 효림이는 사람의 마음을 움직이는 것은 결국 사람이라는 걸 깨달았다.

태연쌤의 진로 코멘트 다양한 AI 도구를 활용할 때는 항상 '왜 이 디자인을 만드는가?'라는 본질적 질문을 잊지 마. 도구는 계속 진화하지만, 디자이너의 철학은 변하지 않아.

디지털과 아날로그를 융합하자!

효림이는 디지털 도구와 기존의 손작업을 결합한 새로운 작업 방식을 활용하기로 했다. AI로 초기 아이디어를 생성하고, 손으로 디테일을 스케치한 뒤, 다시 디지털로 완성하는 하이브리드 프로세스를 만든 것이다. 또한, NFT 마켓플레이스에 디지털 패션 아이템을 출시해보기로 했다. 그러면서 실제 의상과 연계된 피지컬 상품을 함께 제작했고, QR 코드를 이용해 실제 옷과 디지털 버전을 연결하는 새로운 시도를 이어갔다. 효림이의 도전은 학교 안에서도 계속되었다. 작품 발표를 준비하면서 AR 기술을 활용한 패션쇼를 기획한 것이다. 관객들이 스마트폰으로 모델을 비추면 실시간으로 옷이 변하는 인터랙티브한 경험을 제공했다.

태연쌤의 진로 코멘트 미래의 패션은 디지털과 피지컬의 경계가 사라질 거야. 두 영역을 자유롭게 넘나들 수 있는 디자이너가 되는 게 중요해.

효림이는 이제 AI 기술을 두려워하지 않는다. AI를 하나의 도구로 받아들여 자신의 감성과 창의성을 확장시키는 방법을 터득했기 때문이다. 아직 서툴지만 효림이는 날마다 새로운 기술을 익히며 다양한 시도를 이어가고 있다.

부러움의 대상이었던 친구들과는 경쟁 관계가 아닌 협업 관계를 이루었다. 최근에는 각자의 강점을 살려 '전통과 미래의 만남'이라는 주제로 프로젝트 과제를 수행하기도 했다. 효림이와 친구들의 작품은 실기 선생님으로부터 기술과 감성의 조화가 인상적이라는 평가를 받았다.

효림이는 '도구는 끊임없이 진화하지만 창의성의 본질은 변하지 않는다'는 것을 마음에 새기며, 자신의 개성을 녹여 낸 포트폴리오를 풍성하게 가꾸고 있다.

"AI는 내 창의성을 확장시키는 도구일 뿐,
이야기를 만드는 건 여전히 나야."

1. AI 디자인 도구를 사용하며 느낀 점을 말해보자.

2. 기술의 발전이 내 꿈에 어떤 영향을 미칠까?

3. 나의 분야에서 AI를 창의적으로 활용할 수 있는 방법은 무엇일까?

4. 기술이 대체할 수 없는 나만의 강점은 무엇인가?

중요한 건 도구가 아니라
가치관과 판단력이야

C.H.E.C.K

C Critical thinking (비판적으로 사고하기)

H Hype (과장된 정보 의심하기)

E Experience (직접 경험하기)

C Cross-Check (교차 확인하기)

K Keep asking (반복적으로 질문하기)

AI의 말 CHECK
AI가 사실과 다른 말을 할 때도 있어. 언제나 의심하고 확인해야 해.

화려한 성공담 CHECK
지나치게 화려한 성공담은 과장일 수 있어. 객관적인 판단력과 분별력을 가지고 정보를 받아들이자.

경험으로 CHECK
가장 확실한 확인 방법은 경험이야. 30분이라도 시도해보자.

하고 싶은 걸 하면서 행복하게 살고 싶어

1판 1쇄 인쇄 2025년 10월 1일
1판 1쇄 발행 2025년 10월 10일

글   김태연
그림   주유소
발행인 김형준

총괄 김아롬
책임편집 이의정, 박시현, 배혜진
디자인 홍정순
기획관리 허양기
온라인 홍보 허한아
마케팅 진선재

발행처 체인지업북스
출판등록 2021년 1월 5일 제2021-000003호
주소 경기도 고양시 덕양구 원흥동 705, 306
전화 02-6956-8977
팩스 02-6499-8977
이메일 change-up20@naver.com
블로그 blog.naver.com/changeupbooks

ISBN 979-11-91378-82-5 (43370)

체인지업북스는 내 삶을 변화시키는 책을 펴냅니다.